全国电力行业
企业文化建设示范单位
典型经验
2017

《全国电力行业企业文化建设示范单位典型经验（2017）》编写组　编

浙江人民出版社
ZHEJIANG PEOPLE'S PUBLISHING HOUSE

国家能源局主管
中国电力传媒集团
CHINA ELECTRIC POWER MEDIA GROUP

图书在版编目（CIP）数据

全国电力行业企业文化建设示范单位典型经验. 2017 /《全国电力行业企业文化建设示范单位典型经验（2017）》编写组编. —杭州：浙江人民出版社，2018.4

ISBN 978-7-213-08716-5

Ⅰ. ①全… Ⅱ. ①全… Ⅲ. ①电力工业－工业企业－企业文化－先进经验－中国 Ⅳ. ①F426.61

中国版本图书馆 CIP 数据核字（2018）第 061127 号

全国电力行业企业文化建设示范单位典型经验（2017）

《全国电力行业企业文化建设示范单位典型经验（2017）》编写组　编

出版发行：	浙江人民出版社　中国电力传媒集团
经　　销：	中电联合（北京）图书有限公司
	销售部电话：（010）52238170　52238190
印　　刷：	廊坊市海翔印刷有限公司
责任编辑：	薛颖莹
责任印制：	郭福宾
网　　址：	http://www.cpnn.com.cn/tsyxzx/
版　　次：	2018 年 4 月第 1 版·2018 年 4 月第 1 次印刷
规　　格：	710mm× 1000mm　　16 开本·13.75 印张·182 千字
书　　号：	ISBN 978-7-213-08716-5
定　　价：	**56.00** 元

本书编审委员会

名誉主任：杨　昆

主　　任：于崇德

副　主　任：（按姓氏笔画排序）

王　冬　　王彦亮　　申　林　　田泽新　　刘智辉
汤梅子　　张众青　　罗小未　　荆玉成　　郭　玮
袁洪涛　　夏守慧　　徐耀强　　黄晓飞　　廖福流
阚　震

委　　员：（按姓氏笔画排序）

马　焰　　马德甲　　白俊文　　刘建功　　李　芳
杨永红　　宋志刚　　袁昌红　　徐　光　　郭庚良
龚方红　　谢　旭　　熊兴勤　　魏立军

本　书　编　写　组

总　　编：郭　玮

主　　编：庆　蕾

副　主　编：（按姓氏笔画排序）

王　梅　　甘良波　　刘艳领　　杨　柳　　杨子林
余　萌　　陈　舒　　陈敬宁　　畅　林　　罗路红
周作珍　　忽国旗　　赵玉霞　　胡庆锋　　隋永宽
温光华

引　　言

近年来，国家对加强文化建设作出了一系列重大部署。"文化强国""五位一体""文化自信""品德合格"等关键词凸显了党中央对文化建设以及社会主义核心价值导向的高度重视。党的十九大更是对中国特色社会主义新时代文化建设提出了新的要求，为坚定文化自信、促进文化繁荣指明了新的方向。

中国电力企业联合会作为电力行业的协会组织，多年来，在引导行业舆论、凝聚行业共识、传递行业理念、启迪行业智慧、树立行业形象、促进行业发展等方面，开展了一系列卓有成效的工作。尤其是高度重视行业文化建设和品牌树立，相继发布《关于加强电力行业文化建设的指导意见》《全国电力行业核心价值公约》等行约行规，并通过持续宣贯，不断推动行业文化创新发展和行业核心价值体系建设。

企业是社会的细胞，优秀的企业文化是中国特色社会主义文化的重要组成部分。电力工业作为国民经济发展的重要基础性行业，目前在企业文化建设方面已走在国有企业的前列，独具特色的企业文化是电力企业生生不息、代代传承的标志性血脉，是电力职工精神家园和事业理想的信念支柱。面对中国特色社会主义新时代文化建设的新要求，电力企业必须坚持以习近平新时代中国特色社会主义思想为指引，将社会主义核心价值观与企业实际相结合，融入理念体系。通过文化建设，让社会主义核心价值观在企业落地生根，成为企业软实力的重要组成部分。

"全国电力行业企业文化建设示范单位"作为电力行业企业文化类评选的重要奖项，经过严格的审查和评定，2017 年共评选出 23

家在企业文化建设方面具有先进典型经验和示范引领作用的电力企业。本书详细介绍了这 23 家单位企业文化建设工作的经验，同时为保证真实性，本书编写组还采取了"资料征集+实地调研"相结合的方式对上述单位进行了逐一分析和调研，工作过程中得到了各相关单位的大力支持和配合，在此表示衷心感谢！

文化引领发展，发展提升效益。一个个优秀案例、一个个典型经验，已清晰地呈现在我们面前，对电力行业文化的发展产生着积极影响，发挥着重要作用。如今，行业上下凝心聚力，企业文化建设紧跟时代步伐，高扬主旋律，呈现出群众喜闻乐见、服务中心工作、促进管理提升的良好局面，已焕发出勃勃生机。

我们真诚地希望，本书能为行业内外的广大企业文化从业人员提供借鉴和参考，也希望各位读者对本书提出宝贵的意见和建议，不足之处还请批评指正。

编 者

2018 年 2 月

目　　录

国家电网浙江省电力公司

建设卓越企业文化
打造一流电网企业

企业文化是企业的灵魂。卓越的企业文化是企业持续发展的精神支柱和动力源泉，是企业核心竞争力的重要组成部分。多年来，国网浙江省电力公司（以下简称"国网浙江电力"或"公司"）认真贯彻落实国家电网公司建设和弘扬卓越企业文化的部署和要求，把企业文化建设作为公司战略发展的重要内容，作为公司做强做优做大的重要力量，坚持以统一为基础，以卓越为导向，实施文化强企战略，着力在完备完善、战略战术、协同协作、实际实用、融入融合等五个方面下功夫，充分发挥企业文化在凝心聚力、提升管理、推动创新、内塑外形等方面的作用。公司先后被授予全国文明单位、全国五一劳动奖状、全国职工职业道德建设先进单位、中央企业思想政治工作先进单位、全国电力行业思想政治工作先进单位、浙江省服务保障 G20 杭州峰会突出贡献集体、浙江省职工职业道德建设标兵单位、浙江省企业文化建设示范单位、浙江省"十大善美企业"、连续 6 年荣登"浙江省最具社会责任感企业"榜首、连续多年荣获浙江省"低收入农户奔小康工程"结对帮扶工作先进单位。

一、在完备完善上下功夫，形成"多层次"的文化体系

国网浙江电力深入贯彻落实国家电网公司关于加强企业文化建设的一系列重要部署和工作要求，结合企业自身实际，以价值理念为核心，不断丰富和完善企业文化内涵，建立健全完备的企业文化体系。

（一）推进企业文化理念体系建设

公司落实国家电网公司企业文化建设"五统一"要求，践行与国家电网公司高度一致的基本价值理念体系，具体包括："奉献清洁能源　建设和谐社会"的公司使命、"服务党和国家工作大局　服务电力客户　服务发电企业　服务经济社会发展"的公司宗旨、"建设世界一流电网　建设国际一流企业"的公司愿景、"努力超越　追求卓越"的企业精神、"诚信　责任　创新　奉献"的核心价值观、"以人为本　忠诚企业　奉献社会"的企业理念。在生产经营管理实践

中，广大干部员工自觉践行公司基本价值理念，把基本价值理念落实到具体工作中，形成了"率先、创新、担当、精细、求实"的五种意识、"系统、互联网、市场、法治"的四种思维和"与企业共成长"的价值追求、"鼓励多干多对、帮助多干有错、批评少干少错、撤换不干不错"的用人导向等，丰富和拓展了国家电网公司基本价值理念体系。

（二）推进企业文化品牌标识建设

公司严格按照《国家电网品牌标识推广应用手册》要求，从基础设计系统、办公事务系统、公关广告宣传系统、办公环境识别系统、营业系统、生产系统等方面，对省、市、县供电公司品牌标识应用进行规范。注重企业文化环境建设，在办公、会议、生产施工和营业厅等场所规范应用企业标识，营造了浓厚的企业文化氛围，为提高企业知名度、信誉度和美誉度发挥了积极作用。

二、在战略战术上下功夫，实施"同步化"的战略部署

国网浙江电力从企业发展战略出发，制定并实施企业文化建设规划实施意见，把企业文化建设与其他工作同步部署、同步实施、同步检查、同步考核、同步奖惩。

（一）着眼企业文化建设长远发展

遵循企业文化建设发展规律，结合企业发展改革实际，坚持把企业文化建设作为企业发展战略规划的重要组成部分，制定实施"十二五""十三五"企业文化建设规划实施意见，坚持与时俱进，常抓常新，随着企业内外部环境的变化，每年制定企业文化建设实施方案，较好地发挥了企业文化在深化"两个转变"、构建"三集五大"体系等企业重点工作中的保障和引领作用。深入开展国家电网品牌传播年、品牌建设塑造年活动，全方位提升"国家电网"品牌的知名度、认知度和美誉度。争当优秀企业公民，全面履行社会责任，每年编制《服务浙江经济社会发展白皮书》，展现国家电网"诚信履责、可靠信赖"的品牌形象。

（二）健全企业文化建设运行机制

建立全员培训机制，把企业文化培训纳入领导干部和员工培训体系，作为领导干部和员工学习培训的重要内容，作为新进员工的必修课。加强企业文化管理人员队伍建设，建立了一支企业文化建设专职队伍，定期对他们进行企业文化理论、实践和载体创新培训。建立物质保障机制，设立企业文化建设专项经费并纳入企业预算，为企业文化建设提供必要的资金支持和物质保障。抓住"落实—考核—监督—反馈"四个环节，建立可追溯的闭环工作机制。公司利用浙电政工网络平台对系统内企业文化建设重要活动和重要节点实施督促管理、实时查询和统计分析；利用《思想政治工作参考》、政工一体化月度例会、企业文化建设中期评估等，加强实时监控和动态跟踪。

（三）创新企业文化建设载体活动

公司积极开展企业文化实践活动，把公司基本价值理念落实到安全生产、优质服务、廉政建设等各项工作中。**开展主题实践活动**。近年来，坚持每年一个主题活动，推进企业文化建设实践，促使干部员工牢固树立"我是国家电网人"意识，高度认知认同并自觉遵循公司基本价值理念，推进了卓越的企业文化建设。**开展价值理念宣贯活动**。以学习宣传"诚信 责任 创新 奉献"核心价值观和"努力超越 追求卓越"企业精神等为重点，对干部、员工进行公司基本价值理念的培训。通过组织员工学习，进行全员普调考，保证了公司理念入脑入心，内化于心，外化于行。**开展企业文化典型案例建设**。以推行统一的基本价值理念为核心，开展以典型管理实践、典型载体实践、典型文化产品和典型研究成果为主要内容的企业文化典型案例建设，形成"温故"系列、"最美"系列、"文化力"系列等文化产品，进一步丰富企业文化创新实践活动。

三、在协同协作上下功夫，建立"一体化"的管理体系

企业文化建设是一项战略性、长期性的系统工程，涉及面广、影响力大，需要统筹谋划、加强协作、多方联动、全员参与。

（一）建立"横到边、纵到底"的工作格局

公司成立企业文化建设领导小组，实行公司党政一把手同时担任领导小组组长的双组长制，公司本部24个部门（中心）均纳入领导机构和办事机构，政工部负责总体协调，其他部门各负其责，并根据人员变动情况及时进行调整，确保领导小组机构健全、人员到位，履职尽责。自2012年以来，积极构建政工一体化工作体系，建立健全工作领导、会议协调、稳定风险防控、督导督办、考核评价和信息共享等六项机制，统筹部署企业文化建设工作，定期研究工作过程中遇到的重大问题，调动各方力量、运用各种资源，形成了上下互通、横向联合、齐抓共管的企业文化建设工作格局。

（二）编制"体系化、标准化"的指导手册

公司理顺供电所企业文化建设与各专业业务的结合点，统一供电所企业文化建设的目标、路径、流程、要素和评价，打造统一企业文化的落地实践体系，实现绩效转化和价值提升。探索一体化运作、体系化机制和标准化参照，编制出版《基层供电所企业文化建设实践指导手册》《基层供电所企业文化建设实践应用指南》，形成并推广应用《基层供电所企业文化建设一本通》，在基层供电所企业文化建设落地实践领域具有先行先试的示范意义，推进卓越企业文化进基层、进班组、进站所。

（三）实施"菜单式、项目化"的过程管理

公司每年年初通过立项申报、项目审核、核准发文，建立企业文化建设重点项目库；以月度反馈、中期交流推进等形式，动态做好项目建设进度的督导，年底开展企业文化十佳成果、案例的评选表彰。自2014年以来，公司又建立"菜单式"项目认领机制，每年根据国网公司、本单位企业文化建设年度重点工作，提出若干重点建设项目，由公司政工部牵头主导，由1~2家项目认领单位负责具体实施，强化上下协同，挖掘资源潜力，推进企业文化建设管理模式创新，深化企业文化工作实践。近5年，累计完成企业文化重点项目建设 300 余项，表彰企业文化十佳成果、案例各 50 项。

（四）开展"一体化、闭环式"的评价管理

自 2012 年以来，公司每年年底开展涵盖精神文明和企业文化建设、党风廉政建设、领导班子建设、信访稳定工作、品牌管理、工会工作、共青团工作及离退休工作等八项检查考核的政工一体化考评，实行统一组织、分类考核、协同联评、综合评定。强化考评结果的应用，把企业文化建设考评结果一并纳入基层单位绩效管理体系，作为各单位、部门年度绩效考核、综合评定、领导干部考察任用的重要依据，按规定进行奖惩。强化问题导向，对企业文化建设考评中发现的问题，以督导的方式持续跟进，实现闭环管理。

四、在实际实用上下功夫，营造"立体式"的传播氛围

国网浙江电力主动研究企业文化传播和员工心理响应规律，结合实际，注重实用，积极营造"眼前有形、耳旁有声、身边有影"的立体式传播氛围。

（一）立足"眼前有形"，打造企业文化建设示范点

2015 年，依据国家电网公司企业文化建设示范点创建标准，公司细化制定了县公司、基层供电所、直属单位（班组）三个类别的评价标准。通过组织示范点竞标答辩，开展现场交叉考评，以及集中观摩创建成果展示，达到相互观摩、相互交流、相互学习、共同提高的目的。公司系统共有 4 家单位入选国家电网公司企业文化建设示范点，并评选命名了 40 个省公司级企业文化建设示范点。同时，有序开展电力博物馆、企业文化展示厅（馆）建设，充分利用现有办公、营业、廊道等公共空间，广泛建设文化长廊。目前已建成文化展厅（馆）89 个、文化长廊 700 余个。

（二）立足"耳旁有声"，推进企业文化"微传播"

公司主动适应"微时代"的新特点，运用政工网络平台、微信、微博等新型传播方式，加强"互联网＋"时代下的文化引领和思想引导工作。同时，将微电影应用到企业文化建设和传播工作中，举

办微电影创作大赛，在基层供电营业厅和主流网站、微博、优酷等平台广泛展播优秀作品。微电影《守望大瞿岛》在各大网站展播以来，点击率超过 100 万人次，得到了时任浙江省委常委、组织部部长蔡奇在个人微博上的转发及肯定。优秀微电影作品在员工中引起了强烈共鸣，也取得了良好的社会效应。

（三）立足"身边有影"，选树宣传"身边的最美"

公司大力开展先进典型的培育选树宣传工作，以卓越的文化引领职工、教育职工、激励职工。2011年，"不倒的铁塔"江小金作为全国重大先进典型予以学习宣传。江小金先进事迹广播剧《他心中有座高山》获央企精神文明建设"五个一工程"殊荣。2012 年以来，连续 5 年评选"感动浙电——最美员工年度人物"，连续 4 届评选百名公司劳动模范，涌现出了"全国道德模范提名奖、中央企业道德模范"邹林根，"全国最美志愿者"钱海军，"最美国网人"张亚芬，蒋海云，裘愉涛等一批先进人物。

五、在融入融合上下功夫，构建"全覆盖"的落地渠道

国网浙江电力坚持"四个融入"，坚持把卓越的企业文化和浙江"敢为天下先"的精神相融合，与浙江地域特色相融合，大力推进文化创新，实现卓越文化建设全覆盖。

（一）注重"文化融入"

一是融入中心工作。公司围绕创建"两个一流"战略目标，贯彻"五个卓越"实践要求，提出树立"率先、创新、担当、精细、求实"的五种意识和"系统、互联网、市场、法治"的四种思维，凝结广大干部员工的意志和力量，推动工作更扎实、更高效、更出色地开展。**二是融入企业管理。**坚持以人为本，积极倡导"与企业共成长"的理念，鼓励员工将个人职业规划与企业发展蓝图相结合，实现员工与企业同进步、共成长。坚持正确的用人导向，做到"鼓励多干多对、帮助多干有错、批评少干少错、撤换不干不错"，充分激发员工的进取心、责任感和成就感。**三是融入制度标准。**坚持依法治企、以德育企，把公司基本价值理念作为制度建设的基本指导原则，定期开展制度清理，修订、废除不符合公司基本价值理念要求的规章制度，使公司价值观落地有制度、有措施、可规范、可考核。**四是融入行为规范。**落实《国家电网公司员工守则》、"三个十条"和基本礼仪规范，提升企业素质和员工素质。高度重视道德讲堂建设，在公司本部、基层单位建成实体化道德讲堂 110 个，每年开堂讲课 300 余期。成立共产党员服务队 132 支，共计党员 2130 名、队员 2948 名，在为民服务、抗灾抢险以及 G20 杭州峰会保电、互联网乌镇峰会保电等急难险重工作中发挥了党员的先锋模范作用，获得省委、省政府主要领导的高度肯定。组建学雷锋党（团）员志愿者队伍，积极参与浙江省"五水共治"、文明劝导活动。深化文明单位创建工作，公司 15 家单位获评"全国文明单位"，38 家单位获评"国家电网公司文明单位"，89 家单位获评"浙江省文明单位"。"小草"志愿服务队获评"全国学雷锋活动示范点"。

（二）注重"文化融合"

作为浙江经济发展的先行军，国网浙江电力审时度势，基于国网公司的发展战略和企业精神，提出构建"一体两翼"布局、创建"两个一流"的发展战略，确保实现"率先引领电网发展、率先引领公司发展"。构建"一体两翼"布局、实现"两个率先"是国网公司战略部署在浙江公司的落实落地，是与习近平总书记"秉持浙江精神，干在实处、走在前列、勇立潮头"指示精神、国网公司"努力超越　追求卓越"企业精神和浙江"敢为天下先"精神的深度融合，更是号召公司全体干部员工向着更高目标奋进的战斗号角。

六、体会与成效

在建设和弘扬卓越的企业文化过程中，国家电网公司卓越的企业文化是推动公司恒久发展、打造"百年"企业的精神动力和文化支撑。把力量凝聚在发展电网事业的共同旗帜下，把队伍团结在建设和弘扬卓越的企业文化的共同家园中，卓越的企业文化建设发挥了不可替代的作用。

（一）卓越文化转化为统一意志，支撑了改革发展实践

公司广大干部、员工坚决贯彻国家电网公司决策，大力弘扬"努力超越　追求卓越"企业精神，落实企业文化"五统一"要求，严谨迅速地将"三集五大"体系建设、深化电力体制改革、集体企业改革改制、深化农电体制改革等各项管理变革落实到位、执行到位，足以证明国网浙江电力人强烈的大局意识、责任意识和永不停步、勇于争先的精神。

（二）卓越文化转化为精神导向，造就了卓越员工队伍

将建设卓越的企业文化与员工发展紧密结合，团结带领公司系统广大干部员工，携手并肩创事业，凝心聚力建家园，公司上下心往一处想，劲往一处使。在 G20 杭州峰会保电中，280 支党员服务队、6317 名党员冲锋在前、吃苦在前、奉献在前，带动全体干部员工全力以赴、攻坚克难，圆满完成"设备零故障、客户零闪动、工作零差错、服务零投诉"的保电任务，兑现了对党、对国家、对全社会的郑重承诺，形成了以爱国精神、团结精神、拼搏精神、奉献精神和卓越精神为内容的峰会保电精神。

（三）卓越文化转化为发展驱动，推进了公司科学发展

建设国际一流企业，必须加快"两个转变"，而转变公司发展方式的关键，是建设和弘扬卓越的企业文化。公司以统一的价值理念凝聚人心，以统一的战略目标激发力量，从体制机制上消除执行力层层衰减、管理穿透力不强、效率效益不高的问题，切实理顺管理关系，变革管理模式，创新运营机制，实现效益最大化、人员最精化、服务最优化，加快管理体制向现代企业制度接轨，加快管理水平向国际一流迈进。公司各项指标连年处于国家电网公司系统前列。

中国核能电力股份有限公司

用卓越文化引领魅力核电发展
为美丽中国奉献清洁能源

中国核能电力股份有限公司（以下简称"中国核电"或"公司"）成立于 2008 年，其前身是中核核电有限公司。2010 年开始实体化运作，2011 年 12 月 31 日由中国核工业集团公司作为控股股东，联合中国长江三峡集团公司、中国远洋运输（集团）总公司和航天投资控股有限公司共同出资设立股份有限公司。

中国核电是我国核电事业的开拓者和引领者，在核电事业发展中一直发挥着中流砥柱作用。2015 年 6 月 10 日，公司作为 A 股第一家纯核电企业成功上市。公司经营范围涵盖核电项目及配套设施的开发、投资、建设、运营与管理，清洁能源项目的投资、开发，输配电项目投资、投资管理，核电运行安全技术研究及相关技术服务与咨询业务，以及售电等领域。2013 年获全国中央企业先进集体荣誉，2015 年荣获中电联全国电力行业优秀企业文化成果一等奖、中核集团业绩突出贡献奖，2016 年荣获金蜜蜂社会责任报告领袖奖，"十二五"企业文化建设管理文化标杆单位、"互联网＋时代"管理文化标杆单位，公司品牌价值居《财富》500 强第 209 位。

正如习近平总书记所强调："一个国家、一个民族的强盛，总是以文化兴盛为支撑的。没有文明的继承和发展，没有文化的弘扬和繁荣，就没有中国梦的实现。"企业作为社会的经济细胞，是实现全面建成小康社会的重要物质基础。核电企业作为先进生产力的代表，更在现代企业文化建设中扮演着不可替代的重要角色。

作为中核集团控股的核电板块，在正式成立运作时，面临着对早于中国核电成立 10 多家子公司复杂的文化整合问题；对于所处的核电行业而言，2011 年日本福岛核事故导致的我国核电发展出现了低潮，作为核电企业的领头羊，如何增强公众对中国核电品牌的信赖感，如何通过卓越的核安全文化的践行持续提升公司的业绩，增强员工对企业的归属感和自豪感，形成公司发展的持续优势，都是不言而喻的重大挑战。

中国核电自成立以来就高度重视企业文化建设工作，把企业文化作为公司核心竞争力加以培育。在公司 2010 年实体化运作之初，公司一把手亲自负责，并高起点导入中核集团的"四个一切"的核工业精神，明确"奉献安全高效能源、创造清洁低碳生活"的公司使命以及"追求卓越、挑战自我"的公司价值观，形成了公司的视觉识别体系，并在全系统内进行应用，通过开展成品牌的文化活动进行文化体系传播、宣贯。

2014年以后，针对公司即将成为国内首家核电上市公司的新的发展任务，中国核电进一步系统梳理公司发展历程，总结提炼了卓越文化体系，加大了对所属成员公司的文化融合工作力度，走出了一条引领所属成员公司共同发展的新路子。公司于 2015 年 6 月 10 日上市后，中国核电在总结完善"总部统筹、上下联动、专业支持"的一体化企业文化建设工作模式的基础上，以强党建为引领，以安全为本、责任为魂、创新为要，制定了"企业文化、社会责任、品牌传播"三合一的"十三五"企业文化建设专项规划，协同推进公司企业文化工作，进一步践行"追求卓越、超越自我"的价值观，全方位打造"魅力核电、美丽中国"的上市核电龙头企业的品牌形象。

一、提炼卓越文化体系，形成文化引领的发展自觉

从 1985 年秦山核电站开工到 2008 年中国核电正式成立，中国核电在开拓创新的实践中不断弘扬"四个一切"的核工业精神，追求卓越，企业文化经历了"艰苦创业、勇担国任"的文化积淀期，形成了深厚的文化底蕴；2008～2015 年 6 月，中国核电逐步构建企业文化发展所需的组织、制度、物质基础，以"追求卓越、挑战自我"为价值观，引领公司从高起点起步，经历了追求卓越、挑战自我的文化成长期，成功实现公司上市；以 2015 年 6 月公司上市为标志，公司发展和企业文化建设迈上新起点，中国核电秉承继承与发展的原则，在传承卓越基因的同时，引领中国核电本部和各成员公司文化发展，全面深化企业文化融合和建设，进入"追求卓越、超越自我"的文化引领期。

中国核电卓越文化体系包括以"追求卓越、超越自我"价值观

为核心的文化理念、卓越文化融合路径、卓越文化树模型、卓越文化徽章等内涵和外延。

（一）卓越文化理念

- 公司精神：事业高于一切、责任重于一切、严细融入一切、进取成就一切。
- 公司愿景：做最具魅力的国际一流核能企业。
- 公司使命：奉献安全高效能源、创造清洁低碳生活。
- 公司价值观：追求卓越、超越自我。
- 公司安全理念：安全是事业的生命线、安全是企业的生存线、安全是员工的幸福线。
- 公司团队理念：上下同欲、凝心聚力。
- 公司发展战略：规模化、标准化、国际化。
- 形象传播语：魅力核电、美丽中国。

（二）卓越文化树模型

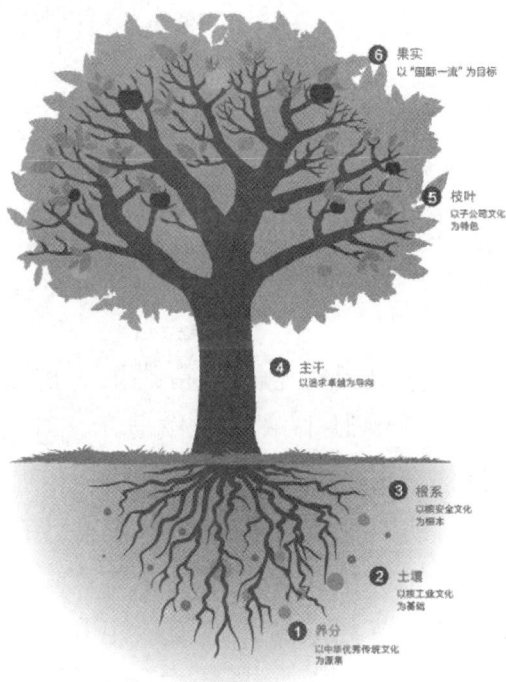

图 1　中国核电卓越文化树模型

在卓越文化体系提炼过程中，中国核电梳理了各成员公司的文化共性，融入文化理念而凝练形成了卓越文化树模型。其中：中华优秀传统文化作为源泉，这是树依存的"养分"，是树能够保持茁壮成长的营养来源。核安全文化作为根本，这是树的"根系"，是树能够屹立不倒的保证。核工业文化作为基础，这是树的"土壤"，是树能够根深叶茂的基础。追求卓越作为导向，这是树的"主干"，是树生长的方向。子文化作为特色，这是树的"枝叶"，是树能够吸收阳光确保成材的保障。"国际一流"作为目标，这是树的"果实"，是树不断生长的价值追求。

（三）卓越文化徽章

卓越文化树是中国核电卓越文化体系的代表，体现了中国核电枝繁叶茂的文化建设成果。这个徽章是"卓越文化树"模型的抽象表达，整个图形由蓝、黄、绿、红、紫五种颜色构成，分别象征着中国核电深入贯彻"创新、协调、绿色、开放、共享"的发展理念；以双

图 2　中国核电卓越文化徽章

手为主干，体现出全体中国核电人勤奋进取、拼搏开拓、实干兴企的精神风貌，手指向上以击掌的动作展示出中国核电一家亲，中国核电人团结自信、乐观向上的和谐氛围；树叶象征着子公司文化，体现出上下同欲、凝心聚力的团队理念，在卓越文化的引领下，实现百花齐放的特色文化；树冠上方"追求卓越、超越自我"象征大树始终向上茁壮成长，中国核电在"追求卓越，超越自我"的价值导向下逐步成为最具魅力的国际一流核能企业。

二、实施卓越文化落地，打造同行领先的竞争优势

两点间最快的路线是一段旋轮线，即著名的"最速曲线"。"最速曲线"还有一个鲜明的特点是，线上几个不同的质点在不同位置同时出发，能在同一时刻抵达终点。中国核电推进企业文化融合的路径就是这条"最速曲线"。各成员公司都培育形成了各具特色的优秀文化，只是各自所处的水平和阶段有所区别，就像处于不同位置的质点。中国核电文化融合工作，就是让各成员公司的企业文化沿着这条曲线前行，力争用最短的时间、最低的成本，让各成员公司企业文化在同一时间到达目的地，从而汇聚形成整个中国核电的文化合力，提高中国核电安全高效发展的核心竞争力。

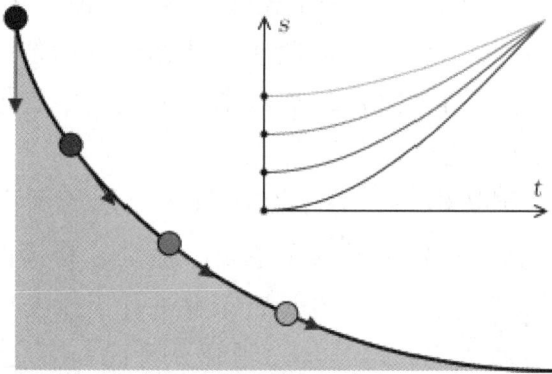

图 3　最速曲线

（一）形成系列文化制度、产品，筑牢企业文化落地的基础

继 2012 年发布《中国核电企业文化手册》以后，2015 年将其升级为《中国核电卓越文化体系》，同时新编了《中国核电员工行为规范》和《中国核电卓越文化体系培训教材》。

2016 年，发布了卓越核安全文化图书《重新定义安全》，《中国核电视觉形象识别手册》和《企业文化建设管理制度》升级版；形成了卓越文化徽章的实体产品，用于文化活动场合的佩戴。结合公司科普传播的需要，原创的"核电宝宝""华龙宝宝"等吉祥物，更

受到了国内外同行的广泛欢迎。

（二）加强文化工作网络建设，形成骨干文化工作者队伍

中国核电成立了企业文化建设管理委员会，搭建了覆盖全板块的文化工作者队伍。2016年，公司进行了全板块的卓越文化宣讲师认证培训，实现了卓越文化宣贯、传播队伍的认证全覆盖，举行了全员卓越文化知识竞赛，实现了卓越文化知识体系领导层精通、管理者认同、员工知晓并践行的良好局面。

（三）持续推动安全文化建设，增强公司健康发展的文化动力

近年来，中国核电在核安全文化领域发布了《卓越核安全文化的十大原则》、开发了十一大防人因失误工具、打造了防人因失误技能实验室，创建了防人因失误职工技能竞赛的活动品牌、开发了完整的防人因失误教学视频、定期依据《卓越核安全文化的十大原则》进行核安全文化的内部评估并定期接受外部同行评估；每日一条安全信息，状态报告、事件时钟、观察指导等成了中国核电人共同的核安全文化仪式和行为烙印。

2016年，中国核电还举办了企业员工原创的国内首部核领域的防人因失误专著《重新定义安全》发布活动，将该图书纳入公司的安全文化普及读物，并对此图书的作者进行了授勋表彰。

（四）创新实施文化品牌传播，增强公司的知名度和美誉度

自2012年以来，一年一度的青年主题实践活动成为中国核电闪亮的"青"字号文化品牌，其中2014年中国核电举办首届青年主题微电影大赛，活动评选出多部优秀微电影作品，其中选送的5部作品获得第二届亚洲微电影艺术节"金海棠奖"。2015年中国核电举办的"魅力核电，微信微秀"活动再次获得广大青年好评，点亮了板块青年文化。2016年举行了青年卓越文化节文化的微话剧比赛活动。

自2013年以来连续开展五届全国中学生核电科普知识竞赛和夏令营活动，参与人数累计超过100万人，网络关注达到1亿人次，成了名副其实的也是唯一的全国核电科普品牌和平台，得到了国家能源局、中国科协等部好评。

公司常年开展定点扶贫工作，连续 4 年发布社会责任报告，多次获社会责任报告优秀奖；2016 年发布中国核电行业的首份公众沟通白皮书和公众沟通的上海倡议，开国内先河，赢得了业内外的广泛关注。

（五）落实落细落小落常，激发基层文化创新活力

中国核电的子公司中核运行公司紧扣"实、新、小"三字诀，将大事化小、做实做细，大胆开展了"四两拨千斤"的"微文化"的工作探索与实践，形成了独具特色的微文化。作为展现微文化的典型作品核电版《小苹果》互联网浏览量超 4000 万人次，主创人员受邀参加了央视《博乐先生微逗秀》节目录制，同时作品被纳入 2014 年度中国企业新媒体传播十佳案例。江苏核电应用 PDCA 循环，通过理论培训—模拟操作—现场观察指导的系统方法有效推广防人因失误工具的应用，相关机组运行安全运行指标位居世界第一；处于建设期间的三门核电对标美国同行，践行人员绩效管理，持续刷新核电无重伤及以上事故的新纪录。

（六）公司业绩持续优秀，文化英雄模范辈出

在过去的六年里，中国最大的核电基地——中国核电旗下的秦山核电基地全面建成，田湾核电蓬勃发展、在运在建迅速推进；福清核电、海南核电陆续投产，三门核电即将建成发电，辽宁核电等新项目也开工在即；累计创造了超过 130 堆年的核电安全运行记录。公司于 2015 年 6 月 10 日在上海证券交易所正式挂牌，成为国内 A 股首家纯核电上市公司。公司运行机组平均负荷因子连续超过 90%，各项运行指标居于国内领先地位，两台运行机组 WANO 排名世界第一，六台机组位于世界优秀行列。机组发电量、主营收入、利润总额连续六年稳步上升。

中国核电先后涌现出了何少华（2014 年第十二届中华技能大奖获得者）、姚建远（荣获全国五一劳动奖章及全国劳动模范称号，秦山核电的一个班组被中国国防邮电工会和中国核工业集团公司以其名字命名）等为标杆人物的安全文化和技能英雄团队。2016 年，公

司荣获社会责任报告领袖企业奖，并获得"互联网＋时代"企业文化标杆单位、上市公司"紫荆奖"等荣誉称号。

三、创新谋划文化规划，持续形成公司文化引领优势

2017年，面对中国核电"十三五"发展任务的挑战，为更好地完成"十三五"期间新的业务开发、安全生产、员工管理等任务，更好地履行作为核电类中央企业的安全责任、经济责任、政治责任、社会责任，做到走赢大势、领先同行，更好地履行"奉献安全高效能源、创造清洁低碳生活"的使命，中国核电进一步加强了企业文化、社会责任及品牌传播工作的顶层设计。

2016年底，中国核电整合内部资源，编制了"企业文化、社会责任、品牌传播"三合一的"十三五"专项规划，明确后续5年的企业文化建设工作思路、原则和重点任务。

具体而言，就是以邓小平理论、"三个代表"重要思想、科学发展观为指导，深入贯彻习近平总书记系列重要讲话精神，落实全国国有企业党建工作会议精神，强化文化自信，秉持"创新、协调、绿色、开放、共享"的发展理念，按照中国核电卓越文化体系的要求，全面融入公司"规模化、标准化、国际化"发展战略的实施，引领实现"做最具魅力的国际一流核能企业"的愿景，并坚持以下四项原则：

（一）服务整体发展战略

将企业文化、社会责任、品牌建设视为对公司重要无形资产的战略投资，围绕公司"做最具魅力的国际一流核能企业"的愿景和公司"规模化、标准化、国际化"发展战略，构建激励相容制度，系统提升公司企业文化、社会责任及品牌传播的工作能力和水平，引领公司"十三五"战略目标的实现。

（二）上下联动系统推进

坚持"本部统筹、上下联动、专业支持"的工作方式，从企业文化、社会责任及品牌传播三个层面提供整合解决方案，横向协同、

纵向承接，推动各职能部门、各成员公司有计划、有步骤地系统推进企业文化、社会责任及品牌传播工作。

（三）适度推进稳步发展

企业文化、社会责任及品牌传播要始终遵循企业文化、社会责任及品牌传播的基本规律，在确保高效、合理、可行等前提下稳步推进。

（四）坚持创新驱动发展

立足公司企业文化、社会责任及品牌传播实际，结合公司自身优势，创新企业文化、社会责任及品牌传播管理实践，打造以满足社会需求和企业发展为导向的商业模式。

图4　中国核电企业文化、社会责任及品牌传播整合推进模式图

作为核电龙头企业，中国核电自觉承担起卓越文化先行者的角色，以强党建为引领，弘扬"四个一切"核工业精神，不断"追求卓越、超越自我"，以安全为本，以创新为要，以责任为魂，实施"企

业文化落地、社会责任践行、品牌传播推广"三大工程，整合推进企业文化、社会责任及品牌传播工作。实现内强文化，增强团队凝聚力，打造公司核心竞争力；外塑形象，扩大对外影响力，提升公司品牌资产，全面融入公司"规模化、标准化、国际化"发展战略的实施过程，为企业创造价值，为股东创造利润，为员工创造幸福，为社会创造财富，引领实现"做最具魅力的国际一流核能企业"的愿景，真正从优秀迈向卓越。

发挥文化引领作用
做世界水电行业的引领者

党的十八大以来，文化建设已被列为全面建设小康社会、实现中华民族伟大复兴目标和中国特色社会主义事业"五位一体"总体布局的重要内容。作为社会先进文化生长点之一的企业文化建设，更需在党的十八大精神指导下，不断开拓创新，继往开来，充分发挥文化对企业生产经营和改革发展的引领作用。

"十二五"以来，中国长江电力股份有限公司（简称"长江电力"或"公司"）认真贯彻落实党中央、国务院和三峡集团关于加强企业文化建设的总体要求，以弘扬"三峡精神"和建设优秀企业文化为目标，整体规划、分步实施、系统推进精神文化、行为文化、物质文化和制度文化建设，对公司价值观、企业标识和员工行为准则进行了统一规范；为推进与生产经营管理的融合与转化，注重抓住公司核心价值理念的培育和宣贯这个关键，紧密结合企业发展战略，提炼总结"精益—责任"文化成果，大力推进安全文化、廉洁文化、学习文化、创新文化、健康文化等专项建设；建立保障体系，提供文化战略支撑，建设"三级网络"提供组织保障、出台"三个同步"实施规划引领、打造"三个阵地"提供传播平台；为促进品牌形象的宣传维护，公司加强了以企业网站、企业文化展厅、企业歌曲、企业文化故事、企业宣传册、员工活动中心等为代表的文化宣传品和文化设施建设。

通过探索研究和不懈努力，企业文化在促进员工思想观念、精神面貌、整体素质和公司核心竞争力等方面正发挥越来越重要的作用。以社会主义核心价值观为特征的民族精神和以改革创新为核心的时代精神深植于公司企业文化，广大员工自信、积极、向上的企业氛围逐步形成，致力于成为"世界水电行业引领者"的信心和决心进一步坚定，文化软实力正在成为长江电力核心竞争力的重要组成部分。

一、企业文化建设的指导思想和基本原则

长江电力在企业文化建设过程中，全面贯彻落实党的十八大和十八届三中、四中、五中、六中全会精神，坚持"创新、协调、绿色、开放、共享"的发展理念。以贯彻三峡集团企业文化规划为主线，传承和发扬"科学民主、求实创新、团结协作、勇于担当、追求卓越"的三峡精神。紧密结合公司发展战略，融入生产经营，实施品牌建设，加强文化引领，推动文化落地，促进文化融合，深入挖掘"精益—责任"文化体系内涵，积极打造与国际一流上市公司形象相匹配的优秀企业文化，为实现"做世界水电行业的引领者"这一宏伟愿景提供强有力的思想保证、精神动力、文化支撑和舆论支持。

坚持"融入管理、全员参与、传承发展、系统建设"的原则，贯彻集团公司企业文化建设工作要求，传承公司优秀企业文化理念，借鉴国内外行业文化优秀经验，紧密结合公司"十三五"发展规划开展工作。通过文化建设引领发展、凝聚员工、提升管理、促进和谐，进一步引导理念意识、加强行为规范、建设公司品牌，达到以文化人、以文兴企的目的。

二、企业文化建设的具体举措

如果把企业比作一棵大树，企业文化就是这棵树的根。只有发达的根系，才能确保大树枝繁叶茂、硕果累累。因此，企业文化建设是一项综合性、全局性、长期性的系统工程。经过长期的培育、凝练、提升，长江电力逐步形成了具有自身特色、引领公司发展的企业文化体系。

（一）确立目标愿景，发挥文化引领作用

长江电力将企业文化建设纳入公司整体发展战略之中，旗帜鲜明地提出"做世界水电行业引领者"的目标愿景和"为社会奉献清洁能源、为长江提供防洪保障"的企业使命以及"国家放心、股东满意、同行敬佩、员工幸福"的企业宗旨，引领公司生产经营、改革发展各项工作，不断增强自身行业影响力和国际竞争力。

公司于 2013 年印发《中国长江电力股份有限公司企业文化工作

规划（2013—2015）》、2016 年印发《中国长江电力股份有限公司企业文化建设"十三五"工作规划（2016—2020）》，并定期发布公司企业文化自评报告，持续改进企业文化管理工作，形成企业文化建设管理工作的闭环控制。

（二）打造特色品牌，促进文化体系落地

目前，长江电力运营管理的四座电站都是长江干流上的大电站、大机组，对电网安全和企业经营乃至国计民生有着重大影响，这对生产经营提出了非常高的标准与要求，唯有"精益求精"的精神和"责任奉献"的态度才能不负党和国家的重托，持续稳定地做好电站运营管理。经过多年的培育和实践，"精益—责任"日渐成为公司企业文化的核心内容，在此基础上，逐步形成了特点鲜明、内涵丰富的企业文化体系，主要包括以下八个方面：

- 经营文化：诚信经营、规范治理、信息透明、业绩优良。始终保持管理规范、值得信赖和价值投资的公众公司形象。

- 生产文化：精确调度、精益运行、精心维修。充分发挥水利枢纽综合效益，提高梯级电站水资源利用效率，确保电站设备始终处于最佳状态。

- 安全文化：以人兴安、依法兴安、科技兴安、预防兴安、文化兴安。以打造本质安全型企业为主线，通过人员、制度、科技、预防、文化等措施，全面实现"设备零非停""人员零伤亡"的安全管理目标。

- 团队文化：同享阳光、共担风雨。将员工的个人发展与企业的长远战略目标深度融合，实现企业与员工发展的有机统一。

- 创新文化：追求卓越、勇于跨越、不断超越。开展全员创新活动，创新成为解决生产问题、改进经营管理、形成核心能力的重要手段。

- 廉洁文化：两坝同筑、发电育人。在建设、运行好水电大坝的同时，筑牢"反腐倡廉大坝"，确保员工队伍清正廉洁。

- 学习文化：学习在工作中检验，工作在学习中提升。成立长电党校和长电学院，建立全员培训体系，推进学习型企业建设，营造学习工作化、工作学习化、学习终身化的良好氛围，提高员工职业化水平和综合素质。

- 健康文化：每天锻炼一小时、健康工作五十年、幸福生活一辈子。积极倡导健康的生活理念和方式，推行全员健身计划，提升员工幸福感。公司西坝区域、三峡电厂、向家坝电厂、溪洛渡电厂、成都区域等均为员工配备有员工活动中心，为员工提供丰富多彩的业余生活场所。

除此之外，作为"精益—责任"核心文化的传承和发扬，各二级单位的亚文化也丰富多彩。如三峡电厂"七个三峡"管理文化，梯调中心"用好每一方水，发好每一度电"的调度文化，检修厂"主动责任、终身责任"的设备检修文化等。

这些系统的文化理念，辅之以科学完善的管理制度，有效凝聚了公司全体员工的思想，逐步变成了员工队伍的统一意志和行为规范，形成了推动公司健康发展的强大动力。

（三）建立保障体系，提供文化战略支撑

建设"三级网络"，提供组织保障。第一级是由公司党委书记挂帅的公司企业文化领导小组。全面负责实施企业文化建设的整体规划、绩效评估和奖惩激励等工作，通过决策、管理、示范、关注等为企业文化建设工作提供方向指导与资源支持。第二级是由党群工作部牵头的工作组，具体负责公司企业文化建设的组织管理和综合协调。第三级是各二级单位企业文化工作团队，负责本单位企业文化建设工作的协调与推进。上下联动的三级企业文化工作网，为公司企业文化建设提供了强有力的组织保障。

出台"三个同步"，实施规划引领。通过实现企业文化"规划、制度、手册"和公司"战略规划、管理制度、员工手册"同步出台，形成了战略清晰、目标明确、有序推进的企业文化工作思路。另外，公司定期开展企业文化建设实施情况自评价工作，不断改进和完善企业文化建设工作。

打造"三个阵地"，提供传播平台。 在全公司范围推广使用视觉形象识别体系，打造文化形象阵地；充分利用网络、新媒体、书籍、影视作品等各种载体，广泛开展企业文化宣传活动，打造文化宣贯阵地；通过开展重大事件纪念活动、先进表彰会、经验交流会、文艺晚会等富有特色的主题活动，打造文化艺术阵地。

三、主要成效

经过多年的努力和建设，长江电力生产经营和企业发展均取得丰硕成果。

（一）公司规模效益实现跨越式发展

长江电力成立 15 年来，电站管理规模从最初的葛洲坝电站，扩大到包括三峡、溪洛渡和向家坝在内的四座梯级电站；公司装机容量由 271.5 万千瓦增加到 4550 万千瓦，年发电量从 150 亿千瓦时到现在超过 2000 亿千瓦时；主营业务从水力发电延伸到配售电领域；业务范围从国内走向国际；资产规模从最初 100 亿元到 3000 亿元，利润总额从 2003 年的 21 亿元到 2016 年的 252 亿元，为国民经济"稳增长"和国有资产保值增值作出了突出贡献。

（二）公司生产经营指标位居世界前列

多年来，长江电力坚持创建国际一流标准，将"精益—责任"融入生产经营各环节、改革发展全过程，生产经营指标连续多年居于国际领先水平。2016 年，公司运行管理的流域梯级电站发电机组平均等效可用系数、强迫停运率均处于世界领先水平；公司全员劳动生产率超过 1300 万元，三峡电站人均管理装机容量达到 5 万千瓦。

（三）员工队伍整体素质全面提高

多年来，长江电力以学习型组织建设为有力推手，加强员工队伍建设，不断提升队伍的整体素质。截至目前，公司在职员工 3987 名，其中博士 16 名、硕士 750 名，本科以上学历占员工总数的 75%；教授级高工 48 人，高级职称人数 581 人，占员工总数的 15%；涌现出了科技发明骨干百余人，共有 4 名员工被授予享受国务院政府特殊津贴专家。高素质的员工队伍成为公司又好又快发展的重要保障。

（四）公司国际化发展全面加速

长江电力紧跟国家"一带一路"建设，充分发挥公司管理、技术与人才优势，加快国际化业务发展步伐。目前，已成功收购德国 Meerwind 海上风电项目股权，实现海外清洁能源投资新突破；深入推进与葡萄牙电力公司的交流与合作；在马来西亚沐若、苏丹麦洛维、巴西伊利亚、朱必亚等电站开展技术咨询项目，输出电站运行管理核心能力，在水电行业的国际影响力日益增强。

（五）公司履行社会责任能力全面加强

长江电力以"为社会奉献清洁能源、为长江提供防洪保障"为神圣使命，把充分发挥梯级枢纽防洪、航运、生态等综合效益作为重大政治任务，全面履行企业社会责任。连续 9 年发布企业社会责任报告，促进社会责任理念融入公司企业文化。累计投入 1 亿元用于支持库区经济建设、开展公益捐助和精准扶贫等工作，用担当和智慧真诚回馈社会，提升了公司的品牌形象和社会美誉度。

2016 年，梯级电站四座梯级枢纽拦蓄洪水 122.7 亿立方米，为下游补水 278.8 亿立方米，防洪减灾和生态效益显著提升；累计输出清洁电力 2060.6 亿千瓦时，相当于节约标准煤 6429.07 万吨，相当于减排二氧化碳 16503.43 万吨、二氧化硫 185.24 万吨、氮氧化物 52.96 万吨，相当于种植阔叶林 45.21 万公顷，为应对气候变化、助力全球可持续发展目标的实现作出积极贡献；积极助力国家打赢脱贫攻坚战，努力投身库坝区移民帮扶、精准扶贫、公益捐助等扶贫开发实践，公司缴纳税费 163.03 亿元（含水资源费、库区基金、三峡库区移民专项资金等财政规费），实施精准扶贫项目 17 项，公益捐赠总额达 2030.48 万元。

长江电力企业文化建设管理工作硕果累累。2015 年，长江电力"精益—责任"文化体系建设获中电联企业文化建设成果一等奖；2016 年，中电联授予长江电力"全国电力行业企业文化品牌建设先进单位"；2017 年，长江电力三峡电厂"七个三峡"品牌文化探究获得中电联企业文化建设成果一等奖。

另外，长江电力溪洛渡电厂"培育核心价值观，创建一流电厂"、长江电力向家坝电厂"适应金沙江电力生产特点的企业文化培育与建设"、长江电力葛洲坝电厂"构建四位一体安全文体系化"、长江电力梯调中心"创新文化建设、提高核心竞争力"、长江电力检修厂"为机组岁修注入创新活力"等均获得公司内外的肯定和认可。

四、企业文化建设经验

（一）必须坚持社会主义核心价值体系为引领，才能保证企业文化建设的正确方向

社会主义核心价值观是社会主义先进文化的精髓，是中央企业文化建设的根本。长江电力始终秉承国家使命，把社会主义核心价值观贯穿于企业文化建设的全过程，用社会主义核心价值来引导员工，确保企业文化建设沿着正确的方向健康发展。

（二）必须坚持企业文化与生产经营管理的融合，才能有效发挥企业文化的功能作用

长江电力在推进企业文化建设中，紧紧抓住价值理念的培育与转化这个关键，紧密结合公司战略发展的要求，形成符合清洁能源行业特征、体现水力发电企业特点且具有丰富管理内涵的"精益—责任"价值理念体系，并将其融入规章制度、形成行为习惯、贯穿生产环节，使价值理念在企业管理中真正落地生根、发挥作用。

（三）必须加强国内外优秀企业文化的学习借鉴，才能打造国际一流企业文化

优秀企业都拥有强势的主流文化。长江电力注重与兄弟企业的交流，全面开展国际对标，多角度、多层次吸收众家所长，努力打造具有国际一流特征的企业文化。

文化建设是一项长期性、全局性的工作。"十三五"期间，长江

电力将继续以大力弘扬社会主义核心价值观和贯彻三峡集团企业文化规划为主线，提升文化建设的国际化程度和创新水平，大力宣贯"精益—责任"文化体系，以一流的企业文化引领战略、提升管理、凝心聚力、促进发展，为加快实现"中国梦""三峡梦"贡献强大的精神力量。

国家电网四川省电力公司

坚守优秀文化之魂
筑牢科学发展之基

一、基本情况

国网四川省电力公司（简称"国网四川电力"或"公司"）是国家电网公司在川设立的全资子公司，是四川境内最主要的电网规划、建设、运营和电力供应企业。截至 2016 年底，公司有直属二级单位 36 个，上市及控股公司 7 家，管辖县级供电企业 150 家，供电面积 44.58 万平方公里，供电人口 7704.06 万人，2016 年售电量 1673.75 亿千瓦时。公司先后获得"全国五一劳动奖状""2016 年中国民生示范工程奖"，并被授予"全国文明单位""全国先进基层党组织""全国创先争优先进基层党组织""中央企业思想政治工作先进单位""全国电力行业思想政治工作优秀单位"等荣誉称号。

先进的企业文化是企业持续发展的精神支柱和力量源泉，是企业实现基业长青的重要保证。公司坚持以统一为基础、以卓越为导向，大力建设和弘扬国家电网公司卓越文化，不断提升企业文化软实力，切实把广大干部员工精神力量凝聚到国家电网公司发展战略上来，持续有力地推动公司快速发展、科学发展。近年来，公司先后有 10 项企业文化成果、案例、论文获得电力行业优秀企业文化成果奖，其中一等奖 1 个（篇）、二等奖 3 个（篇）、三等奖 2 个（篇）、优秀奖 4 个（篇）。公司有 6 项企业文化成果、案例、论文获得国家电网公司一等奖，建成国家电网公司企业文化示范点 3 个。同时，公司涌现出了"中央企业道德模范""全国劳动模范""全国最美志愿者""中国好人"和"国家电网公司特等劳动模范""最美国网人"等一大批先进典型。

二、企业文化特色

一直以来，国网四川电力认真贯彻落实国家电网公司决策部署，按照企业文化建设"五统一"要求，大力实施企业文化传播、落地和管理三项工作，推动国家电网公司基本价值理念深入人心、融入管理、贯入行为，为企业健康快速发展提供了有力的思想文化支撑。

（一）抓组织管理，确保文化有责

公司严格执行《国家电网公司企业文化建设管理办法》通用制度，建立健全企业文化建设责任机制，切实加强组织管理、落实任务责任，有序有效推进企业文化建设。**一是强化领导**。公司成立"三个建设"领导小组，将公司各级主要负责人列为企业文化建设第一责任人，加强领导、切实履责，确保企业文化建设机构健全、人员到位、责任落实、保障有力。落实省市县各级单位企业文化建设责任，强化"责任主体""执行主体"和"实践单元"的职能定位，积极推动企业文化进专业、进部门，形成合作机制，共同推动企业文化建设。**二是完善机制**。认真落实国家电网公司企业文化建设五年规划和年度计划，每年制定企业文化建设方案，纳入公司党委年度工作统一安排部署，落实任务要求，加强督促指导。注重企业文化建设规范管理，督促基层单位严格落实企业文化重大事项报批与备案要求，严禁未经许可私自参加外部研讨评奖活动，确保公转不自转。坚持做好年度重点项目建设和管理，按照"申报—审批—下达—实施—验收—评选—推广"的规范流程，推进企业文化建设项目有序实施，形成了大批优秀成果案例。**三是强化激励**。充分运用考核评价手段，将企业文化建设工作成效纳入企业负责人年度业绩考核，与年度综合评先评优挂钩，加大激励督促力度。注重过程评价，通过季度工作报表、媒体平台宣传、基层网站巡查等形式，发现问题、及时整改。强化总结提炼，每年组织评选企业文化优秀案例、成果和论文，对典型经验、特色实践及时总结推广，营造浓厚的文化创新氛围。开展两年一度的企业文化建设工作先进单位（集体）和个人评选表彰活动，强化正向激励。

（二）抓宣传培训，确保文化有声

公司坚持常态化、多形式开展企业文化学习、宣传和培训活动，确保企业文化工作长期有声、持续发声，增强干部员工对国家电网公司基本价值理念的认知认同，筑牢共同的思想文化基础。**一是丰**

富载体。公司综合运用"一网一刊一台"（门户网站、《四川电业》杂志、《光芒》电视台）、三个微信公众号（"国网川电""川电家园""川电青年"）等传播渠道，积极宣传国家电网公司卓越文化，开展主题性知识竞答、投票评选等活动，增强吸引力和教育力。在公司"政工之窗"网站开设"企业文化"专栏，宣传企业文化建设日常动态，加强工作信息沟通交流。**二是浓厚氛围**。大力推进企业文化环境建设，公司集中投资在本部和各片区建设 10 余个各具特色的企业文化展厅，各单位结合实际建设"安全警示教育室""廉洁教育室"，有效发挥对内教育、对外展示的功能。各单位利用电脑屏保、办公场所、施工场地、文化长廊等载体，全方位宣传国家电网公司企业文化内容，形成耳濡目染、潜移默化的浓厚氛围。2016 年，公司组织开展了"示范文化长廊"评选命名活动，有力地推动了企业文化环境建设工作。**三是全员培训**。坚持"三个纳入"，开展企业文化培训，将企业文化培训纳入公司系统教育培训体系，集中开展企业文化内训师培训；将企业文化纳入领导干部读书班、履职能力培训班、中青班、中干班和班组长培训以及新进大学生的培训内容，分层分类对各级领导干部和全体员工开展企业文化培训；将企业文化纳入各级中心组学习计划和党员轮训计划，组织学习国家电网公司《企业文化手册》和有关文件制度。运用网络大学开展企业文化知识网络答题活动，提高广大员工对国网公司卓越文化的认知，促进入脑入心。

（三）抓艺术传播，确保文化有情

公司坚持"以人为本、以文化人"的基本原则，通过艺术化、感性化的手段和形式，积极推进企业文化传播，有效地发挥了国家电网公司优秀文化引导人、感染人、激励人的重要作用。**一是主题传播**。以四川藏区电网建设为主题，组织创作了歌曲《光芒》，抒发电网员工点亮藏家灯火的豪情，唱出了藏区群众走进现代文明的喜悦，蕴含着民族团结与社会和谐的积极意义。该歌曲先后在中央电视台、中央人民广播电台以及各大门户网站、地方电视台播放，荣获中央企业精神文明建设"五个一工程"优秀作品奖，充分展示了国家电网公司"四个服务"的宗旨内涵。2017 年 6 月，公司举办以"卓越之路"为主题的企业文化节，集"文学创作、文化展示、典型选树、体育竞技"等活动于一体，打造了一场电力文化盛宴，在系统内外引起热烈反响。**二是大众传播**。积极组织员工创作文化艺术作品，其中反映送变电建设员工心声的歌曲《你会到工地看我吗》得到广泛好评，先后在国务院国资委颁奖典礼、中央电视台"五一""心连心"艺术团慰问晚会、"中国梦想秀"等舞台上被演唱，充分展示了国家电网员工诚信敬业、无私奉献的精神风貌，有效化解了社会公众对国家电网企业的误解和偏见，赢得了社会各界的理解和支持。**三是时尚传播**。公司贴近时代发展和青年员工需求，组织各单位拍摄制作微电影、微视频，展示员工工作中的最美瞬间和感人故事。近年来先后推出了《万万没想到我是国网新员工》《幸福上高原》《给奶奶的冰棍》等一系列优秀微电影作品，在国家电网公司乃至全省、全国获得多项大奖，其中《幸福上高原》荣获首届全国职工微电影大赛金奖，《万万没想到我是国网新员工》更是在国家电网公司系统新员工中广受欢迎，充分体现了国家电网公司企业文化的时代性和先进性，发挥了优秀文化作品感染人、引导人的重要作用。

（四）抓典型示范，确保文化有形

公司坚持树典型、立标杆、铸品牌，大力推进核心价值观人格化、管理实践样本化、特色亮点品牌化，以点带面、统筹推进，促进企业文化建设各项任务能落实、有成效。**一是打造先进典型**。夯实管理基础，建立公司层面和地市单位层面两级先进典型库，充实各类各级先进典型百余人，实现"发掘入库、选树宣传、表彰学习、推荐推广"等流程化管理，通过公司内部媒体、道德讲堂等平台，开展经常性的学习宣传活动。通过"最美员工""电网楷模""感动川电"等先进评选活动，大力树立员工身边榜样，推出了一批信得过、叫得响、接地气的先进典型，国家电网公司系统形成了较大影响。围绕重大工程建设、急难险重任务选树先进典型，在省委宣传部的大力支持下，公司在四川省层面举办了"新甘石"联网工程、川藏联网工程等先进事迹专场报告会，参与了全省"4·20"芦山抗震救灾等先进事迹报告会，在全省范围引起良好反响。**二是打造工作样本。**以企业文化年度重点项目为依托，促进企业文化工作项目化、专业化，加大推广交流力度，实现优秀成果可复制、可运用。积极开展企业文化建设示范点创建工作，制定企业文化示范点标准和细则，指导基层单位对标创建，推行"1＋X"创建模式，坚持每年评选命名一批企业文化示范点，持续深化创建工作。两年一度评选企业文化建设工作先进单位和个人，推广典型经验，确保学有样本、赶有目标、共同进步。**三是打造特色品牌。**坚持共产党员服务队建设，形成活动常态化、管理制度化、工作标准化，受到习近平同志高度评价，成为全国为民服务典范，荣获"全国优秀志愿服务组织""中央企业优秀志愿服务团队"称号。自 2006 年以来，建设 200 多家"国网川电留守学生之家"，组织电力青年志愿者定期开展"大手拉小手"活动，帮助留守儿童健康成长，全省 13 万余名农村留守儿童得到身心上的关心关爱。2014 年，在首届"中国青年志愿者服务项目"大赛中，公司"川电留守学生之家"荣获银奖。积极承担精准扶贫攻坚重任，打造乐山马边县高石头村、凉山喜德县阿吼村精准扶贫示范工程。

（五）抓落地实践，确保文化有根

公司坚持以统一为基础、以卓越为导向，大力推进企业文化管理实践，确保国家电网公司优秀文化理念在企业经营管理和员工思想行为中落地生根，引领企业可持续发展。**一是规范员工行为。**贯彻落实员工守则、礼仪规范和"十项承诺"，不断增强基层员工的职业化、规范化意识。开展"清风川电""机关引领风尚"等活动，加强党风廉政建设和作风建设，营造"干事干净"的浓厚氛围。坚持"文明新风"评选、文明单位创建等工作，深化群众性精神文明建设活动，提升员工文明素质和道德修养。积极推进原有控股（代管）

和少数民族地区县级供电公司企业文化建设，开展"1＋1＋1"结对援藏等工作，增强服务意识，规范服务行为。**二是传承优秀文化。**公司大力弘扬中华优秀传统文化，在省市县三级单位建设"道德讲堂"120 余所，做到标识统一、制度清晰、管理规范、活动常态，积极传播文化经典，大力加强社会主义核心价值观宣传和员工"四德"教育。2016 年，公司评选命名"十佳示范道德讲堂"。积极推进"职工书屋"建设，每年以"世界读书日""我们的节日"等为节点，开展读书诵经典活动，培养职工"爱读书、读好书"的良好习惯，建成公司级"示范职工书屋"116 家，建成全国级"示范职工书屋"34 家。**三是夯实管理基础。**深入开展"五统一"企业文化进班组（供电所）主题实践活动，把企业文化建设与标杆班组、星级供电所创建、员工创新创效等工作有机结合，通过员工积极参与和生动实践，推动国家电网公司企业文化在班组（供电所）落地生根，夯实了基层班组、供电所的管理基础，让文化建设看得见、摸得着、有实效。公司先后推出了"三本台账""包片进村"等基层班组（站所）特色管理模式，有效发挥了优秀文化促进管理提升的重要作用。

三、主要成效

近年来，在国网四川电力改革发展过程中，国家电网公司卓越文化发挥了价值引领、精神激励、力量凝聚、管理提升等重要作用。

优秀企业文化引领公司科学发展迈上新台阶。近年来，在国家电网公司统一的发展战略引领下，公司干部员工克服"盆地意识"，跳出四川看四川，不断拓宽发展道路、增强发展动力，结合公司独特禀赋和发展实际，大力建设"大枢纽、大平台、大通道"的跨区电网，积极构建"电源侧一盘棋、电网侧一张网、需求侧一同价"的发展格局，全面实施坚强智能四川电网建设，大力推动"中国能源互联网四川行动"，努力打造"西部清洁能源高地"，成了国家电网公司发展的重要支撑。

优秀企业文化推动公司深化改革取得新成就。近年来，公司先后经历了农电体制改革、"三集五大"体系建设、主辅分离主多分开、集体企业压减、县公司"子改分"等一系列重要改革，面临着许多共性的、个性的矛盾和问题。公司广大干部员工在国家电网公司"两个一流"企业愿景的统领下，讲政治、顾大局，坚持"个人服从企业、局部服从整体、短期服从长远"的理念，形成了坚强的发展共识和精神纽带，干部员工队伍保持总体稳定，确保了公司各项改革措施顺利推进，有力促进了公司改革创新发展。

优秀企业文化激励公司干部员工展示新面貌。近年来，公司发展任务十分繁重，自然灾害频繁发生，先后经历了"5·12"汶川地震、"4·20"芦山地震等重特大灾害。面临巨大压力和严峻考验，公司干部员工认真践行国家电网公司"诚信、责任、创新、奉献"的核心价值观，大力弘扬"努力超越、追求卓越"的企业精神，克服重重困难，圆满完成了"新甘石"联网、无电地区电网建设、川藏联网工程、抗震救灾恢复重建和精准扶贫攻坚等一系列急难险重任务，充分展现了"国网川电铁军"的风采，充分发挥了中央企业的"脊梁"作用。

下一步，国网四川省电力公司将在国家电网公司党组的正确领导下，坚持"创新、协调、绿色、开放、共享"发展理念，牢牢把握"十三五"发展目标和重大任务，大力培育和践行社会主义核心价值观，深入推进国家电网公司卓越文化建设，坚守优秀文化之魂，筑牢科学发展之基，积极构建"三个一"发展格局，全力推进"一强三优"现代公司建设，为保障经济发展、服务民生改善，实现中华民族伟大复兴中国梦作出新的更大的贡献。

以"海文化"
引领海外投资升级版建设

中国电建集团海外投资有限公司（以下简称"电建海投"或"公司"）成立于 2012 年 7 月，是中国电建专业从事海外投资业务的法人主体，在集团调结构、促转型、产业链价值链一体化、国际业务优先发展中承载着重要的引领、载体和平台作用。公司在老挝、柬埔寨、尼泊尔、巴基斯坦、印度尼西亚、刚果（金）等 10 个国家拥有 6 个投产项目、4 个在建项目、10 多个前期项目，在建及运营电力项目总装机 300 万千瓦，资产总额 273 亿元。

在践行国家"走出去"战略、大力推进海外投资业务发展中，公司坚持"创新、协调、绿色、开放、共享"五大发展理念，秉承"全球绿色清洁能源的优质开发者，项目属地经济社会的责任分担者，中外多元文化融合的积极推动者"的战略定位，结合实际和业务特点，围绕"三型海投——品质型、效益型、活力型海投"目标，精心打造以"海文化"为核心的多元素特色文化，积极践行社会主义核心价值观，不断提升企业软实力，有力地促进了中国电建海外投资升级版建设。

一、战略构想

电建海投中长期规划（2015—2025）明确了公司发展方向、路径、目标和举措，建设以"三型海投"为主要内容的海外投资升级版，正是基于落实规划提出的具体构想和解读，旨在把全员认识、思想、行动统一到公司战略部署上来，围绕"创效益、提品质、增活力"内涵，加快打造中国电建海外投资升级版。

（一）建设"效益型海投"

公司自上而下形成以项目为主线的管理机制，坚持项目开发、建设、运营并重的工作思路，突出主业、多元发展，推进精细化项目管理，全面建立并实施业绩考核、投产达标、财务委派、执行概算、经济后评价等在内的现代项目管理体系，以项目开发求发展、以项目建设求质量、以项目运营求效益；努力打造"效益型海投"，为构建专业化投资公司作出新贡献。

（二）建设"品质型海投"

结合实践，公司以夯实基础、规范标准、优化流程、强化管理、提升绩效为着力点，加快推进职能制度化、业务流程化、工作标准化、管理信息化、创新价值化进程，以提高发展质量和效益为目标，着力提升投融资和市场开拓能力、项目执行和风险防范能力，建设"品质型海投"，全面提升公司管理绩效。

（三）建设"活力型海投"

在中国电建战略和文化框架内，围绕打造一支能够应对复杂环境及统筹协调各方力量推进发展的领导团队、一支在各个领域独当一面的专业化人才队伍、一支能够保证项目顺利执行的海外经营管理人才队伍；积极培育"海文化"，建立良性循环的发展生态环境，建设"活力型海投"，进一步增强公司凝聚力、生命力、竞争力。

二、实施背景

（一）以"海文化"引领海外投资升级版建设，是适应海外业务发展的客观需求

海外投资兴业不仅面临经济创新、管理提升、品牌培育等要求，也面临思维碰撞、观念转变、文化融合等难题。"走出去"发展对国企传统管理方式提出许多挑战，建立适应发展的企业文化，以文化引导的力量和非行政手段促使员工思想行动的统一，有助于调适和解决海外企业与员工间、产业链条各方因商业活动出现的种种不协调；有助于激发企业创造力，引领自身从组织、制度、流程和机制体制等方面进行变革。

（二）以"海文化"引领海外投资升级版建设，是打造品牌扎根海外的主要载体

与国际强企同台竞技，国企"走出去"面临多重竞争。公司涉及特许经营、直接投资和收购与兼并等主要投资形式，业务涵盖电力、矿业、建材等领域，项目分处多个国别，点多面广，运营与风险管控要求高，组织管控、商业模式创新、本土化经营与多元文化

融合任务重。因此必须重视和加强文化建设，打造为项目所在国所认同的企业品牌，利用文化的传播力和影响力，赢得当地民众的理解和支持，为项目顺利推进创造良好条件和坚强保障。

（三）以"海文化"引领海外投资升级版建设，是凝聚队伍本土化经营的有效手段

公司项目运营期大多在25～40年，外籍员工占比30%～70%，做强做优海外投资业务，需要一支中外融合、业务突出、素质优秀的复合型人才团队。而公司员工来自五湖四海，呈现高学历、年轻化、教育背景多样化、多语言环境下工作等特点，公司需要通过培育"海文化"，凝聚、吸引各类中外专业人才，集思广益、群策群力，为公司本土化经营提供强有力的人才支撑。

（四）以"海文化"引领海外投资升级版建设，是促进多元文化融合的重要途径

"上善若水""水滴石穿""海纳百川，有容乃大"等是中华文化关于水的诠释。公司提出"海纳百川，投创未来"的企业精神，就是倡导以大海之胸怀、视野、包容来经营企业，以水之道、水之德、水之智、水之缘、水之赋等水文化元素赋予"海文化"精气神，以"海文化"引领企业更好地"走出去"，促进中国标准、中国技术、中国设备、中国文化融入国际经济生态圈，实现多元文化的互融共促。

三、实施情况

公司创新方式，丰富载体，开展活动，精心培育以"海文化"为核心的多元素特色文化，建设"1＋N"，即一个核心加N个文化元素的特色文化体系，营造同心同德、同向同行文化氛围，促进企业软实力持续提升。

（一）海纳百川投创未来，打造"海元素"增能力

抓好"四个环节"培育人才。公司坚持人尽其才、才尽其用、人岗匹配，建设良好人才文化理念。一是抓好引进环节，通过公开

招聘、外部引进等累计选聘 51 名中层干部，引进 149 名专业人才。二是抓好培训环节，建立了"一石三柱"培训体系和内训师授课制度，采取企校共培、外派常驻、跟踪培养、导师带徒等方式，组织内培外训 348 项 5907 人次。三是抓好使用环节，优化人才脱颖而出机制，突出人力资本价值。四是抓好交流环节，细化标准及条件，使党员干部能上能下，建立合理交流机制。

"平衡计分卡"激发员工动力。公司建立了涵盖项目、总部、员工三个层次的多维度多要素全面绩效考核体系，并将平衡计分卡作为总部绩效考核主要评价体系，通过设立经济财务、履职情况、部门管理、综合评价四个维度指标，定性定量相结合，将公司战略、年度任务细化分解为可操作的衡量指标和区间目标值，在公司决策层、管理层、执行层间搭建一种新型绩效管理体系，实施 4 年取得显著效果，促进了管理绩效的持续提升和专业化团队建设。

"海投之星"彰显示范效应。公司每月评选 2 名业绩突出的普通中外员工，授予"海投之星"称号。上马相迪项目尼泊尔籍员工希苏巴，因为能够熟练运用中、英、尼三国语言，在对外沟通协调中发挥了重要作用，被授予"海投之星"。公司还积极开展典型选树活动，企业和员工先后荣获"中国企业文化建设标杆单位""中国走进东盟十大成功企业""全国优秀施工企业家""中央企业劳动模范""中央企业优秀共产党员""中国 CFO 年度人物""中国电力楷模提名奖"等荣誉。

（二）以人为本情系员工，打造"暖元素"聚众志

"三送"活动传递企业温暖。公司坚持开展"逢节日送关爱、过生日送祝福、遇困难送温暖"活动，每年通过寄送慰问品、慰问信、慰问视频等形式，对海外员工及家属进行慰问。已累计慰问海外员工 290 人次，向 594 名员工送去生日礼物及祝福，帮扶员工 20 人次。同时，公司还缩短海外员工回国休假间隔，增加艰苦环境下特殊津贴；在职称评定、评先选优、职级晋升、健康查体等方面为海外员工提供便利条件。

"关爱小行动"时时在行动。公司多措并举，细微关爱员工。深化海外志愿服务，由60多名志愿者组建3个帮扶小组，形成"一对一"结对帮扶机制；累计组织慰问女员工240人次，员工子女176人次，新婚及生育员工46人；开展"金秋助学"，为57名员工子女发放助学慰问金；设立"红娘奖"，对5位"红娘"进行了嘉奖；热心关怀外籍员工，甘再项目为柬籍新婚员工送去慰问金和祝福；上马相迪项目组织员工为地震受灾的尼泊尔员工捐款10万卢比。

"月月有主题"提升团队意识。结合企业特点，契合员工需求，公司以职工之家为平台，每月组织一项员工喜闻乐见的主题活动，提升团队意识。近年来先后组织了"唱响主旋律，共圆海投梦"、海投健康行、"聚力海投"等30余项主题活动。公司还坚持开展海外学习型、服务型、维权型"星级职工之家"评选，并实行动态管理。2015年，公司工会被中华全国总工会评选为"全国模范职工之家"。

（三）创新创效助推发展，打造"新元素"促提升

"五化"建设促进管理提升。一是推动职能制度化。公司编印了6本《管理手册》和260多项制度，形成了海外投资管理体系。二是推动业务流程化。建立了120余项流程，形成了一套横向对接、纵向畅通、系统规范的流程体系，确保各项工作环环紧扣、道道把关、全面闭合。三是推动工作标准化。通过定计划、定目标、分步骤推进，建立了覆盖各项工作和产业链条各方的标准体系。四是推动管理信息化。构建了协同、公文、移动办公等一体化信息系统，促进了信息共享和效率提升。五是推动创新价值化。大力实施业务与管理创新，公司项目获得"鲁班奖"等多项优质工程奖，获得发明创造及专利6项。

技术创新助力生产经营。各海外项目围绕生产经营难点、阶段性任务目标等，以小创造、小发明、技术革新为主要内容，组织开展了多项技术革新活动。老挝区域项目提出技术革新及"金点子"建议共50多项，累计创效300多万元；南俄5公司、甘再公司2项技术改造与革新成果分获第五届全国电力行业设备管理创新成果

一等奖、二等奖。各海外项目围绕投资节点目标和"五比"内容（比质量、比安全、比进度、比效益、比成本），积极组织多项劳动竞赛，有力地促进了投资项目进展。

（四）积极履行央企责任，打造"益元素"建和谐

"本土化"促进跨文化融合。公司各海外组织在运行机制、管理方式、劳动用工、文化融合等方面，积极推进本土化经营。柬埔寨甘再、老挝南俄等 5 个项目招聘当地员工，创造就业机会，推动当地经济发展，多名当地员工走上了文秘、行政、翻译、司机等工作岗位，并引导优秀员工学习专业知识，使当地员工融入公司发展；节假日期间还组织各类中外员工联谊活动，促进跨文化交流。同时也通过当地员工传播公司文化，赢得当地民众的理解和支持。

热心公益造福项目当地。公司坚持"科学开发，绿色发展"，在项目实施过程中，注重生态环保，最大限度地保护生态环境。在老挝南欧江二级电站，为保留村民的稻田，项目公司更改了营地位置，并为村民修建了引水渠道。巴基斯坦卡西姆、尼泊尔上马相迪、老挝南俄等项目积极架桥修路、修缮设施、捐赠物资等，关注民生，热心公益，保护环境，得到了当地村民的高度赞誉，书写了美好的中外友谊篇章。

创新外宣塑造企业品牌。公司注重与相关方的沟通互动，讲好海投故事，树立海投品牌，推进企业更好地走出去。例如在集团产业链一体化投资开发的老挝南欧江流域电站，组织实施"3＋N"专题宣传，完成了一本画册、一部纪录片、一本管理技术专辑向国内外相关方投放；《人民日报》、央视、新华社、中新社、《万象时报》等国内外主流媒体 20 余次报道公司投资业务。这种立体式全方位宣传引起了强烈反响，塑造了良好的企业品牌形象。

四、实际效果

公司遵循企业文化建设规律，紧密结合公司发展阶段、业务特点和员工需求，坚持人本理念，精心打造"海文化"，将文化融入企

业运行全过程，助力海外投资升级版建设取得显著成效。

（一）海外投资业务发展绩效显著提升

通过"海文化"建设，公司区域布局、市场拓展、生产经营、内部管理等呈现出良好的上升发展态势。公司成立以来，营业收入、利润、资产总额、经济增加值连年实现两位数以上增长；连年全面超额完成生产经营任务目标，经营业绩考核和管理评价均位居集团前列；2015～2016年，公司连续两年蝉联子企业业绩考核第一名。

（二）海投文化聚合导向作用效果明显

通过"海文化"建设，公司集体荣誉感和凝聚力显著提升，员工积极性、主动性、创造性进一步增强；"海元素"引领企业全员与国际一流对标，苦练内功，提升能力；"暖元素"使员工感受到企业的活力和温暖，"企兴我荣"理念入脑入心；"新元素"引领员工立足本职、大胆创新，将精益求精、创造价值作为基本工作准则；"益元素"加快推动中外跨文化融合，助力公司更好地"走出去""走进去，扎下根"。

（三）公司两级总部管理功能有效发挥

通过"海文化"建设，公司流程、标准、职责融入文化，文化感染力、带动力促进各项功能全面执行；两级总部和业务单元责权利划分和管理边界关系进一步明晰，公司"五化"运行机制进一步顺畅，构建形成了高效的海外投资业务管理体系和运行机制，两级总部逐渐成为公司的价值创造中心、人才培养中心和风险控制中心，为构建高绩效公司创造了条件和基础。

（四）海外专业复合团队打造成效突出

通过"海文化"建设，公司人才结构不断优化，员工素质能力持续提升。公司现有员工1111人，其中总部员工279人、外籍员工497人；总部员工平均年龄为35.15岁，博士占4.0%，硕士占53%，本科及以上占98%；公司全员劳动生产率逐年大幅增长。一支专业化、国际化、复合型的海外投资人才团队逐步成长成熟，为公司战略落地提供了有力的人才保障。

五、经验启示

在"走出去"发展背景下，公司将文化与战略、业务、人才、管理等紧密融合，以文化促进企业管理与价值创造的"双提升"、员工与企业的"共发展"，对"走出去"企业海外文化建设带来了一些启示。

（一）文化规划要融于海外战略

海外战略是企业"走出去"发展的战术依据和基本纲领。要在研究海外战略时将文化建设纳入同研究、同部署、同实践、同落实，做好顶层设计和规划引导，从战略角度对文化建设进行总体布局，明确文化建设的指导思想、具体目标、基本路径和实施措施。

（二）文化建设要纳入管理体系

管理体系是企业运行的基础和保障，其适宜性、科学性、有效性对推进战略目标具有重要意义。企业文化属于管理学范畴，要将文化建设纳入海外业务管理体系，在工作标准、业务流程、制度体系中予以充分体现。

（三）文化培育要坚持人本理念

通过文化引导员工尽己所能围绕企业战略奋斗是文化建设的核心。要尊重人，平等对待每一名员工，在涉及员工切身利益事项时做到合规、合理、合情；要理解人，建立有效沟通机制，在充分沟通、相互理解的基础上开展工作；要关心人，深入实施人文关怀并固化成长效制度，关心和解决员工遇到的各种困难。

（四）文化传播要融合当地文化

坚持本土化是企业全球化经营的必然趋势。要注重与当地文化的融合，加速推进企业本土化进程。在实施一些具体事项时，更要注意这种融合性，比如劳动用工要遵守当地文化民俗，企业同当地政府机构、员工个人间要建立互动；把企业文化与当地文化紧密融合，使大家充分认知企业，融入当地、共赢发展。

（五）文化品牌要加强载体建设

要精心研究并着力加强文化载体建设，发挥好其示范、引导、凝聚、激励作用，促进文化品牌落地生根。结合项目所在国情况和本企业特点，通过规范形象标识、编印文化制品、完善制度体系、建设行为文化等形式，组织各种主题活动，加强产业链各方的沟通联系，增强内部融合，提高凝聚力。

中国能建安徽电力建设第一工程有限公司

打造"精"字招牌
铸就百年电建品牌

　　中国能源建设集团安徽电力建设第一工程有限公司（以下简称"中国能建安徽电建一公司"或"公司"）成立于 1952 年，同时拥有电力、房建、市政工程施工总承包一级和电源工程类调试甲级资质，具有对外承包工程和进出口经营资格，是第四届全国文明单位、全国"十三五"开局企业文化建设模范单位、全国安全文化建设示范企业、全国"互联网＋时代"企业文化创新优秀单位、国家高新技术企业、国家认定企业技术中心、国家 AAAA 级标准化良好行为企业、国家安全生产标准化一级企业，跻身 ENR"中国承包商 80 强"和中国建筑业成长性百强企业行列。

　　公司构建火电业务、多元化业务、国际业务、高端业务"四大业务"格局，重点推进总承包模式业务发展。先后承建各类发电机组 200 余台，装机容量超过 4500 万千瓦，业务遍布美国、加拿大、印度、印度尼西亚、越南、巴基斯坦、苏丹、土耳其等 12 个国家。

　　公司科技水平行业领先，主编、参编国家和行业标准 35 部，获国家和省部级工法 52 项、专利 41 项、软件著作权 16 项，获科技进步奖 45 项。

　　近年来，公司以"服务于战略，渗透于制度，体现于行为，辐射于环境"为宗旨，以"至精者，赢未来"为企业信念，围绕以"精诚合作、精细管理、精益生产、精品奉献"为主要内容的"四精"特色文化内涵，着力打造"精"字招牌，致力于铸就百年电建品牌。企业文化课题《厚德强基　预防为先　筑就安全文化高地》获得 2012 年全国电力行业企业文化优秀案例一等奖，《至精者　赢未来》获 2013 年全国电力行业企业文化优秀成果一等奖，《建设质量文化　打造"精"字招牌》获得 2014 年全国电力行业企业文化优秀案例二等奖，《基于电力施工企业人文管理"心"途径》获得全国电力行业企业管理创新成果二等奖，《电力工程企业文明创建"四个三"模式的实践》获得全国电力企业优秀管理论文大赛二等奖。

　　与此同时，文化建设助力公司成为行业首家荣获"中国质量奖提名奖（第二届）"，荣获首届"全国电力行业质量金奖"，连续四届获全国优秀施工企业，连续九年获全国"安康杯"竞赛优胜企业并获全国"安康杯"竞赛示范企业，获全国实施卓越绩效模式先进企业、全国科技创新先进企业等200多项国家级荣誉。

一、"四精"特色文化内涵

伴随着60多年的历史发展，公司以优秀的企业文化凝心聚力，引领企业度过了改革发展的艰难时期。如今，在激烈的市场竞争中，公司坚持以"至精者，赢未来"为企业信念，聚焦以"精诚合作、精细管理、精益生产、精品奉献"为核心的"四精"特色文化建设，着力打造先进的企业文化，提升企业软实力，增强企业竞争力，推动企业快速健康发展。

（一）精诚合作

公司坚持以"诚"为先，在项目执行中，大力践行以"尽责做好履行施工合同的充分服务，尽力做好应业主要求的优化服务，尽心做好为业主着想的超值服务"为内容的"三层次服务"，以服务态度、服务能力和服务超值，赢得业主信赖，树立了良好的品牌形象，延伸拓展更多的市场空间。对战略合作伙伴，公司倡导真诚服务、和谐共赢的合作意识，把资质资信优良的优质分包商视为企业的长期战略合作伙伴，坚持以"政治上同待遇、工作上同标准、利益上同收获、素质上同提升、生活上同关心；保证有人、有信、有心"为内容的"五同三有"合作理念，营造互利共赢的合作氛围。在公司内部，充分践行"简单、坦诚、阳光、透明"的组织氛围，倡导部门、专业、项目之间协调配合、融为一体的精诚合作意识，构建大生产、大经营、大政工三大系统高效运转和良性协作的互动机制。

（二）精细管理

精者，基于管理，成于细。公司注重细节管理，强化过程管控，大力倡导"顶真、严谨、快捷"的工作作风。以工程项目为依托，以深化基础管理为根本，以资源效率最大化为目标，以管理手段的标准化、信息化为支撑，从安全、质量、进度、成本等方面精打细算，精进提质。实施"三标一体"管理，通过集约化、标准化、信息化管理为核心，实现管理过程的无缝对接。在总部管控协调下，公司构建了项目两制运作、专业支撑保障的项目运行机制和事业部专业化经营机制，搭建了资源统一调配、资金统一管理、物资统一采购的管控平台，基础管理得以深化，效能建设得到加强，队伍素质不断提升，管理绩效和执行能力显著增强。

（三）精益生产

精者，优化生产，求效益。运用现代施工管理的新思想和新观念，推广"四新"技术应用，提升科技创新能力，全面提高工程实体质量和工艺水平。对所有承建项目前期实施施工组织设计、总平面设计，推广运用标准化的异地复制。过程实施工厂化、洁净化施工，优化施工工序和作业环节，推行安全文明施工规范。围绕安全、质量和技术管理，大力推进以强化"基层、基础、基本功"为目的的"三基"管理工作，增强了项目履约能力和队伍素质。全面推进班组建设，实施班组建制标准化、设施标准化、管理标准化、活动标准化和考核标准化的"五化"建设，有效提升了一线作业人员技能水平和职业素养。

（四）精品奉献

精者，奉献精品，铸品牌。公司坚持"没有最好，只有更好"的对标理念，始终坚持追求卓越的价值取向，推行卓越绩效管理，向社会、向业主移交一个内在质量优良可靠、外在质量赏心悦目、合同工期准时、机组参数优良的优质工程。

二、落实五大举措，推进"四精"文化落地

公司结合施工企业特点，明确了推进企业文化落地生根的主要抓手，通过学习宣贯、子文化建设、文化活动、企业识别、创新机制等五大举措，在实践中丰富和发展，使"四精"文化内化于心，固化于制，外化于形。

（一）四个维度开展"精"字文化宣贯

公司领导带头宣贯。在公司各类重要书面报告和材料中均有企业文化建设相关内容，在各类会议场所，尤其是全局性的会议，如职代会、党代会、企业文化研讨会上带头宣讲"四精"特色文化，充分践行了"公司领导是企业文化建设的倡导者和推动者"角色定位，提高了各级领导干部的认识。近年来，由公司领导班子成员署名、公开在国家级媒体、电力行业媒体多次发表企业文化相关文章，领导班子成员在公司党代会、职代会、党建会、年度工作会议上多次以企业文化内容作为主题报告。

"七位一体"媒体持续宣贯。发挥周报、网站、微信、幻灯、橱窗、电视、展板等宣传媒体优势，拓宽文化传播途径。不定期在公司主流媒体电子周报上刊发企业文化主题文章，在网站上刊登文化建设举措和成果，在微信公众号上策划文化活动专题宣传，利用幻灯编制现场 VI 应用，在现场橱窗展板里展示文化建设足迹，编制《至精者 赢未来》专题电视片展示企业形象，扩大影响力等。

开展理念"五进"活动专项宣贯。通过开展文化理念进施工现场、进办公区域、进一线班组、进职工宿舍、进分包队伍等"五进"活动，在施工现场建设文化墙、文化长廊，将企业文化理念张贴上墙，在办公区设置文化标牌、文化横幅，在生产区设置班组小区、班组文化园地，在生活区设置文化理念标牌，强化宣传教育。

分类举办企业文化专项培训深入宣贯。全方位、分系统、多场次开展企业文化专项培训，让广大职工认知、认行。每年对新进厂员工进行岗前企业文化认知培训，对中层干部和管理骨干进行企业文化专项培训，对企业文化建设工作者进行业务培训，按照职系分工，对生产系统员工开展安全文化、质量文化培训，对经营系统员工开展成本文化培训，对政工系统员工开展全面的企业文化培训。将合作队伍员工纳入培训范围，发挥企业文化的渗透和辐射作用。

（二）多措并举推进子文化落地

围绕"四精"文化内涵，持续开展文化案例收集工作，通过三个案例（成本、服务、人物案例）、两个图说（图说安全、图说质量）、两块展板（安全和质量文化的警示板和示范板）、系列活动为常态抓手，将"至精者，赢未来"的企业信念融入公司的施工生产和经营管理全过程，转化为员工的自觉行为。

加强安全子文化建设。以"预防为先，可控在控"为安全工作核心理念，坚持定期出版安全文化展板、"图说安全"，通过警示与示范作用提升意识。通过活动载体开展"青年安全生产示范岗""安全明星"评比、安全演讲、安全征文等活动，连续 19 年在施工现场开展"安康杯"安全知识竞赛活动，把教育、培训、引导、关心和说服融为一体，提升一线人员的安全意识和安全作业行为。

加强质量子文化建设。以"规范施工，一次成优"为质量工作核心理念，定期出版质量文化展板和"图说质量"，通过开展样板引路、精品示范项目评比、技术比武、导师带徒、质量明星和标兵评比、优秀作业指导书评比等形式，培育员工规范施工的质量行为。

加强成本子文化建设。以"开源节流，降本增效"为成本工作核心理念，围绕"人、机、料、法、环"五大要素开展成本管控，每月收集成本案例，评选"成本明星"，开展成本征文等活动，强化成本意识。

加强服务子文化建设。以"真诚服务，和谐共赢"为服务工作核心理念，通过开展服务案例收集、服务明星评选、工程回访、满意度测评等方式，践行"三层次服务"，推进服务文化落地。

加强廉洁子文化建设。以"遵规守纪，干事干净"为廉洁工作核心理念，通过强化警示教育，编制廉洁教育手册，构建"12345"惩防体系，确保企业干部平安和经济平安。

2017 年，启动诚信子文化和法治子文化建设，召开专题讨论会，制定实施指导意见，编制年度活动计划，结合公司印度尼西亚、越南、巴基斯坦、文莱等 4 个国际项目同时在建的新业务布局，逐步探索国际跨文化建设。

（三）多样文化活动培育企业氛围

公司结合工程企业特点，因地制宜、因时制宜，以人员分散化、活动小型化、内容专业化、形式多样化为特点，开展企业文化活动，丰富员工生活，活跃文化氛围。

积极推进"七心建设"。围绕员工吃、住、行、洗、医、乐等"心"需求，结合项目所在地，发挥员工个人爱好和兴趣特长，开展个性化、经常化、专业化、节俭化的健康向上的文体活动，让工作艰苦、生活清苦的电建员工有一个文明、舒心、开心的精神文化生活，快乐工作，快乐生活。

因地制宜地开展文体活动。每逢节假日，结合项目所在地的人文特色，积极组织员工走出户外，感受自然人文景观，走进红色教育基地，接受爱国主义思想教育。举办离退休职工重阳节文体演出、公司60周年庆典仪式、国际项目跨年晚会和"七一"党建汇报演出等活动。

提标扩面落实"五个关爱"。投入专项资金，解决员工的实际困难。实施爱心救助、金秋送学、特困帮扶行动，改善基地居住环境和生活条件，做好后方保障。在施工现场定期开展"冬送温暖、夏送清凉"活动，在新疆高寒地区，为一线员工配备棉安全帽、棉大衣，并对一线班组和部分作业区域进行供暖。

（四）十二部分册深耕品牌标识视觉应用

公司强化企业文化"品牌的统一性，视觉的冲击性，标识的规范性"，结合四大业务板块和1＋X母子品牌集群，相继编制了民建、检修、电网板块业务等12部品牌视觉应用分册。

抵近项目一线，围绕项目生产区、办公区、施工区、加工区、物料区和现场主要参观路径等"五区一路径"，深耕区域品牌标识策划。按照功能分区实施施工现场总平面与临建设施标准，在办公区进行企业形象片视频展播和文化墙展示，在现场作业区实施安全文明施工整体策划。加强百万项目、板块项目等品牌形象宣传，设计制作国际业务、检修、调试、特高压等板块宣传画册 4 部。

（五）固化机制开展文化管理

纳入企业战略规划体系。公司将企业文化建设置于战略高度，强化文化战略思维。先后制定了四轮企业文化建设规划，纳入公司 1＋N 战略规划体系。2016 年对接融入集团公司《中国能建核心理念和行为准则》的总体要求，完善公司 2016～2020 年企业文化建设战略规划。

制定年度活动计划。每年制定近百项，细化分解，落实责任。将企业文化实施情况纳入公司目标考核体系，建立了企业文化年度计划、月度考核、过程盘点、年中交流、年底总结、年度评比表彰的良性运行机制。

建立定期考核评价机制。完善了企业文化建设考评内容，考核结果应用到基层单位月度绩效考核、年度考核评价和"四好"领导班子的考核评比中。

注重经验总结和成果展示。从文化理念成果、典范案例成果、品牌形象成果、先进模范成果、文化荣誉成果等五个方面对成果库内容进行构架，通过编制手册、设计文化墙、编制电视宣传片、展示厅、画册等五种形式进行展示，构建 5＋5 企业文化成果库。

三、实施效果

企业文化的深入推进，强化了基础管理，提升了队伍素质，拓展了市场空间，提升了业绩品牌。

（一）强化了基础管理

在"四精"特色文化的引领下，公司各项基础管理工作得以强化。以"细"为要，注重细节管理，构建了生产、经营、政工"三大系统"联动机制，搭建了资源、技术、财务、集采"四大平台"，提升总部管理效能。以"益"为重，落实"没有最好、只有更好"对标理念，在项目建设上精益求精、精品奉献。公司安全质量管理等均实现了全过程管理、全方位受控。

（二）提升了队伍素质

以干部队伍、后备干部队伍、专家队伍和核心业务人才建设为重点，推进队伍结构优化。搭建了总计 500 余人的项目班子、专业科长、技经人才和技能专家"四个百人团队"。队伍素质及其管理能力的提升，增强了公司核心竞争力，为工程项目安全、优质、高效推进提供了强有力保证。

（三）拓展了市场空间

公司坚持量与质并重、国内外并举、电与非电兼顾的开发市场原则，着力开展综合火电业务、国际业务、高端业务、多元业务齐头并进，推进转型升级，提质增效。连续三年来，公司中标总额、营业收入、利润总额连创历史新高，实现了"十三五"良好开局。

（四）创造了业绩品牌

多年来，公司持续推进企业文化建设，提升了企业品牌形象，助推了公司业绩连创新高。企业文化成果先后获得中央文明委、中华全国总工会、国家安监总局等政府机构和中电联、中建协、中施协、中国企业文化促进会、企业文化研究会等社会各界的高度认可，先后两次荣获全国五一劳动奖状，斩获第四届全国文明单位、全国安全文化示范企业、全国建筑业企业文化示范单位、践行社会主义核心价值观模范单位、全国企业文化建设百佳单位等多项荣誉。

大唐河南许昌龙岗发电有限责任公司

"正、清、和"廉洁文化建设
的探索与实践

许昌龙岗发电有限责任公司（以下简称"许昌公司"或"公司"）位于河南省禹州市龙岗工贸园区，成立于 1995 年，隶属于中国大唐集团公司（以下简称"大唐集团"），一期工程装机容量为 2×35 万千瓦机组，二期工程装机容量为 2×66 万千瓦机组，总装机容量为 202 万千瓦，总投资 76 亿元，在豫南电网中起着举足轻重的电源支撑作用。

许昌公司始终秉持可持续发展的理念，把节能减排、保护环境贯穿到发展和生产经营的全过程和各环节，多年来，共投入 8.7 亿元用于脱硫、脱硝、除尘、废水回收再利用等环保设施建设，实现了烟气达标排放及废水零排放，为守护一方碧水蓝天贡献了力量。在政治保电、迎峰度夏、迎峰度冬的关键时刻，均出色完成了国家交付的任务；公司除了热心参与各项社会救灾捐助，还积极投身驻村扶贫工作，充分展示了"负责任、有实力、可信赖"的大唐品牌形象，受到社会各界的广泛赞誉。

多年来，许昌公司坚持"务实、奉献、创新、奋进"的大唐精神和"价值思维、效益导向"的管理理念，在安全生产、经营管理、节能减排、企业文化等诸多方面均取得了丰硕成果。

一、"正、清、和"特色廉洁文化理念体系

"正"，强调"为人正直、一身正气"，是廉洁文化的基础。与"务实、奉献、创新、奋进"的大唐精神一脉相承。

"清"，强调"为人清白、为政清廉"，是廉洁文化的核心。与河南公司"清廉明耻、洁身慎行"文化高度契合。

"和"，强调"人际和顺、家庭和睦、企业和谐"，是廉洁文化建设的目标。以"和"促进公司团结务实、快速高效地发展，提升公司管理水平，增强公司赢利能力，打造本质平安企业。

（一）理念篇

"正、清、和"廉洁文化蕴涵了诚实守信、廉洁从业、以人为本、自律他律、权责对等和重在预防的理念，这六个理念是公司各级领导干部、员工思想和行为的守则，也是大家开展工作的出发点和落

脚点。

（二）行为篇

领导班子：廉政勤政　精诚团结　一身正气　率先垂范。

中层干部：以身作则　严于律己　廉洁从业　秉公办事。

普通员工：诚实守信　奉公守法　敬业爱岗　无私奉献。

家　　庭：崇尚节俭　不慕奢华　以德立家　以廉养家。

（三）形象篇

企业形象：求真务实　诚信守约。

领导班子：克己奉公　公道正派。

中层干部：恪尽职守　勤廉高效。

普通员工：朝气蓬勃　奋发有为。

家　　庭：家风清廉　温馨永驻。

二、重教育、创新创效，发挥文化的引导力

许昌公司坚持教育为先、注重实效，不断创新方法和载体，扎实开展各种宣传教育活动，使廉洁文化内化于心，引导干部员工敬业爱岗，遵纪守法，廉洁从业。

（一）拓宽宣传教育阵地，促使廉洁文化全覆盖

坚持开展廉洁文化"五进"活动，使廉洁文化渗透到各个角落，积极营造清正廉明的文化氛围。**一是廉洁文化"进部门"**。在办公区域和关键部门，将廉政漫画、廉政书画、廉政文化理念、重要管理制度、阳光采购理念、监督监察流程和审计工作流程等统一制作上墙，教育广大干部员工增强制度意识，把制度转化为干部员工的行为准则和自觉行动。**二是廉洁文化"进班组"**。公司将《党风廉政建设责任书》的签订细化到部门与班组，层层传递，落实责任。印发了《"正清和"廉政文化手册》《廉政漫画及廉政短语口袋书》《做最好的党员》《反腐倡廉 10 个热点问题》等廉洁读本。**三是廉洁文化"进岗位"**。在员工办公电脑上设置了廉政漫画屏保，为中层干部制作廉洁座右铭，为关键岗位人员制作了"家庭廉洁寄语亲情卡"，发

放以公司廉洁文化理念为主题的精美书签和廉政挂链。深入排查"岗位廉政风险点"，确定了风险等级、制定预控措施。**四是廉洁文化"进社区"**。在公司大门口制作了"正、清、和"廉政文化主题宣传标示牌，建立了生活区"廉洁大道"，通过 24 盏廉政文化灯箱，对"八项规定""廉洁自律准则"等内容以漫画形式进行解读，建立了生活区"廉政长廊""清风亭"、廉政文化宣传栏，使全体干部员工在上下班的途中、业余文化生活当中能够随时接受廉政教育。**五是廉洁文化"进家庭"**。向员工家属发出了"以廉为荣、以贪为耻"和"以德治家、以廉养家"的倡议书，将任前廉政教育与家庭助廉相结合，发放《廉内助、贪内助》学习读本，举办"廉内助"座谈会，签订"争当廉内助"承诺书，组织观看廉洁治家专题片，号召全体干部家属当好家庭的"纪委书记"，看好门，把好关，将家庭建成"廉洁的幸福港湾"。

（二）搭建宣传教育平台，推动教育载体多元化

一是创建短信送廉平台。充分发挥手机短信网络平台作用，结合岗位实际开展廉政短语征集和发送活动，注明编写部门，向中层以上领导干部和关键岗位人员发送，极大地增强了廉政短信的思想性、艺术性、知识性和可读性，使廉政短信教育真正做到"入眼、入脑、入心"。**二是创建影视播放平台**。在生产办公楼、综合办公楼、员工餐厅和公司班车等人员流动密集的位置安装了电视，在重大节日前和党风廉政宣教月期间，开展"影视播放周"活动，循环播放精心挑选的廉政影视，通过视觉和听觉的冲击，营造"人人思廉、事事向廉"的良好氛围。**三是创建网络教育平台**。创建了"清风网"主题网站，开辟了反腐形势、政策法规、制度文件、工作动态、学习园地、互动交流和廉政视频等栏目，充分发挥网络课堂教育的优势，为广大干部员工及时了解中央法规制度和集团公司反腐倡廉动态、学习党纪党规、交流学习心得提供了平台。**四是创建示范教育基地**。建立了"廉洁文化示范教育基地"和"廉政书屋"，以理念信念教育为基础，以岗位廉政教育为重点，以先进典型为榜样，

以反面人物为警示，定期举办各类宣教活动，使广大党员干部在不断提高廉洁从业知识水平的同时打好"廉政预防针"，时刻做到警钟长鸣。

（三）创新宣传教育形式，实现教育管理精细化

一是坚持理论教育与实践教育相结合。通过召开理论中心组学习、"一把手"讲廉政党课、廉政辅导、党支部"三会一课"和廉政知识讲座等开展党章条例、党纪党规和廉洁从业相关规定的学习，提高干部员工的理论水平，增强免疫力和自我约束力。定期举办廉政演讲比赛、知识竞赛、漫画展、撰写廉政家书、廉政短信征集等新颖活泼、乐于参与、易于接受的教育活动，寓教于乐。在重大节日和党风廉政宣教月，举办廉政文艺会演、影视展播等活动，唱响正气歌，弘扬主旋律。开展"党员示范岗""每周一星""每月一星"等先进典型事迹评选，树立典型模范，弘扬正气清风，积极创造学先进、赶先进的文化氛围，从而带动和提高广大党员干部廉洁自律的自觉性。

二是坚持廉政教育与入职教育相结合。在对新员工入职教育的过程中，通过参观廉洁文化基地、内部授课、邀请专家讲课等形式开展阳光从业教育、岗位廉洁风险预控教育和廉洁自律教育，做到教育在先、预防在前，强化人员的法律意识、责任意识、廉洁从业意识。

三是坚持自主教育与专家教育相结合。2007年5月，公司与禹州市检察院联合成立了"廉政文化检企共建办公室"，并签订了《检企共建责任书》。和许昌市纪委、检察院保持密切联系，依托纪委和检察机关的资源优势，向员工赠送《职务犯罪预防读本》等书籍，邀请专家走进"清风大讲堂"，组织预防职务犯罪知识讲座、党风廉政形势教育报告会，参观廉政教育基地，联合开展廉洁教育活动。共同研究制定了廉政文化检企共建的方法对策，调动各方面力量推进廉洁文化建设，完善内控制度及创新工作。

三、重管理、防控风险，发挥制度的约束力

刚性的制度是保障廉政文化建设的关键，是养成良好行为习惯的保证。许昌公司通过不断加强制度建设，切实做到了用制度管权、按制度办事、靠制度管人。

（一）健全决策机制，提高决策质量

一是修订完善企业党委、领导班子议事规则等制度，下发了《重大事项集体决策制度实施细则》，明确了 72 项需进行集体决策的重大事项。二是对重大事项决策程序进行细化，为决策的过程监控和追踪提供依据。三是及时开展决策执行情况跟踪监督和决策结果评价，实现决策事项的闭环管理。

（二）完善制度体系，提升管理水平

一是坚持"可操作、可监测、可评价"和"一办法一考核"的原则，在完成制度建设的同时构建了考核体系。出台了《递进式管理考核办法》，所有管理事项均按照权责对等的原则依次进行考核。二是建立了责权明晰的责任追究体系，完善了《惩治和预防腐败体系责任制管理及考评办法》和《党风廉政建设责任追究办法》等制度，形成了管理考核与惩处警示相互配套的制度体系。三是开展"廉洁三讲一落实"活动，对民生工程及重大技改等项目，将安全生产的"三讲一落实"经验，引入工程建设的廉洁风险防控体系，梳理工程建设廉洁风险"三讲一落实"。一方面在施工现场明确廉洁风险和廉洁承诺，悬挂廉洁风险标识牌及廉洁承诺书，公布监督电话监督邮箱；另一方面在施工前，讲项目建设关键节点、讲廉洁风险点、讲廉洁风险防控措施，落实党风廉政责任。

（三）总结固化经验，健全长效机制

一是围绕企业党政工作重点，及时总结，将一些先进的做法和经验系统化，将系统化的做法常态化，将常态化的做法制度化，有效规范经营管理行为。二是把廉洁从业的要求贯穿于企业生产经营管理全过程，建立健全阳光决策、阳光燃料、阳光物流、阳光招标、

阳光从业"五位一体"的阳光化管理机制，固化于制度和流程之中，促进了责权利按照规定的程序在有效的监督下在线运行。三是落实廉政风险防控"红、橙、蓝"三级预警机制，力求覆盖各级管理岗位和关键环节，最大限度地减少体制障碍和制度漏洞。

四、重监督、阳光运作，发挥监督的制衡力

不断创新监督机制、深化监督职能、构建监督平台，实时开展全程跟踪、动态监督，确保各项工作的阳光运作。

（一）创建经营监督网络平台

结合《综合监督实施细则》和《招标监督管理实施细则》等规章制度，开发了"大监督"网络办公平台，实现了在线监督、监察建议书、审计建议书闭环式网上流转，实现了日常监督工作的信息化、流程化管理，提升工作效率，增强了监督制约力度。

（二）建立"三位一体"联动机制

不断完善纪检、监察、审计"三位一体"的监督工作体系，发挥纪检、监察、审计各自的优势，创新监督机制，整合监督资源，对于审计发现的问题，借助纪检监察督促整改，规范管理；对于纪检监督发现的苗头性问题，借助审计的力量摸清底数、查找深层次原因，避免违规违纪现象的发生，建立起了目标统一、步调协同、优势互补、资源共享的监督工作机制。

（三）打造全员监督总体格局

紧紧围绕全年工作重点开展"三重一大"和"关键指标"专项效能监察，结合"创先争优"活动深入开展党员"三亮"、公开承诺活动和厂务公开活动，结合廉政网站和"心连心"论坛拓宽监督渠道，使党员干部在廉政勤政方面自觉接受群众的监督，保持干部员工队伍的先进性和纯洁性。

（四）强化执纪问责力度

一是对内部通过专项巡视、随机抽查，对外部通过函询业务往来单位，掌握业务部门在内外业务中主体责任落实和廉洁自律情况，

并纳入责任制考核，适时通报考责结果。二是畅通信访渠道，利用网络、现场宣传栏，公示举报信箱、电子邮箱、举报电话及短信平台，拓宽监督面。三是"三重一大"事项监督全覆盖，2016年公司共进行"三重一大"集体决策46项，进一步规范了公司的决策行为，有效防范了决策风险。四是聚焦重点领域和关键环节，深入开展专项监督，针对发现的问题，严肃问责。2016年，燃料管理专项监督共发现问题13个，下发专项监督建议书6份，参与掺杂使假事件处理1次，涉及煤量427吨，避免经济损失7.8万元；物资管理专项监督共发现问题2个，下发专项监督建议书1份，避免经济损失448元；招投标及合同管理发现问题18个。

（五）延伸廉洁风险科技防控覆盖面

一是在公司内部创建三个业务洽谈室，运用数字监控技术，全面对业务洽谈室实施智能化管理和监控，实现谈话、记录、分析、取证监督语音视频化，有利于提升廉政科技防控水平，防范廉洁风险。二是在入厂煤验收岗位试行电子工作记录仪，在防范公司从业人员廉洁风险的同时，为现场验收中打击掺杂使假、扣矸扣水提供依据。三是对粉煤灰管控系统进行升级改造，实施集中管控，提升智能化水平，堵塞管理漏洞。

五、经验启示

许昌公司企业廉洁文化体系之所以能够不断完善，得到长足发展，并取得一系列"殊荣"，一方面归功于企业廉洁文化建设的总体规划，另一方面归功于广大干部员工的参与和支持。

（一）文化提炼，要源于一线，注重引导员工

廉洁文化是经过企业长期积淀和不断总结提炼，由企业倡导，全体员工认同并自觉遵守的廉洁理念和从业行为准则，是廉洁的思想、观念、制度、行为和物态的综合。许昌公司廉洁文化建设之初，即组织人员对干部员工日常行为、员工形象和企业精神等方面进行总结提炼，先后进行四次修整，最终确定了以"正、清、和"为核

心的廉洁文化理念，此理念已经推出，便引起了干部员工的广泛响应和认同。也正因为"正、清、和"廉洁文化理念源于员工日常行为、员工形象和企业精神，才更容易被接受和认可，从而指导干部员工的日常行为。

（二）文化推进，要总体布局，构建长效机制

廉洁文化是企业发展的"软实力"。为切实推进企业廉洁文化建设取得成效，许昌公司制定了企业《廉洁文化建设实施方案》《廉洁文化建设工作计划》《廉洁文化建设管理办法》《廉洁文化建设考评办法》等制度。形成了党委统一领导、党政齐抓共建、纪委组织协调、部门各负其责、纪检监察部门具体实施的工作格局。同时，在每年年初，制定下发年度《廉洁文化建设和宣传教育工作方案》，明确职责和具体事项，并及时修正调整工作目标，确保各项工作到位做实。

（三）文化支撑，要规范管理，依托科技防控

燃料成本占据发电企业 80% 左右的成本，在企业有着举足轻重的作用。为了规范管理，减少人为因素的存在，结合行业特点，公司自主研发了燃料防火墙系统，从而解决了入厂煤运输、过重、采制化等环节的信息化管理。同时结合实际需求，先后增加了车辆射频、粉煤灰管控、电子监控、电子门禁、车辆 GPS 卫星定位等系统，将管理和监督相结合，用科技增强监督的刚性，落实责任部门的主体责任和监督部门的监督责任。通过科技防控，可以有效地将燃煤数据信息化、人员行为阳光化、活动区域局限化，从而形成相互制约的总体格局，达到规范管理的目的。

（四）文化落地，要强化宣教，营造浓厚氛围

为了推进廉洁文化建设能够落地生根，许昌公司大力浓厚廉洁文化氛围，先后创建了"廉洁大道""廉洁文化长廊""廉洁教育基地""廉政漫画口袋书""清风网"专题网页、"清风亭""经营监督管理平台"；制作《廉洁文化手册》《制度汇编》《廉洁文化宣教片》《廉洁风险点分析》《廉洁书签》等书籍；创新宣教载体，开展"廉

洁家庭寄语""廉内助座谈会""党风廉政形势报告会""入职前廉洁从业教育""以案说法""清风赞漫画展""廉政座右铭""短信送廉、微信送廉""饮水思廉"等宣教载体；四是将五月份定为党风廉政宣传教育月，从领导班子到关键岗位人员、从 8 小时之内到 8 小时之外，大力开展宣教活动，增强廉洁从业意识，取得了显著成效。

大唐国际陡河发电厂

深植"大唐精神"
让企业基业长青

优秀的企业文化是立企之本、兴企之魂。大唐国际陡河发电厂（简称"陡河发电厂"或"陡电"）企业文化建设坚持以"务实、奉献、创新、奋进"的大唐精神为指引，将大唐精神深植企业发展脉络，将"弘扬大唐精神，实现协调发展"作为企业文化建设的总体思路，锻造、培植符合企业特色的子文化体系，形成了血浓于水的良好共识和有效运行机制，创新文化建设新路径，为老企业转型升级发展创造新动力，培育出强劲的新优势。陡河发电厂文化建设连年摘得桂冠。2012年首获全国安全文化建设示范企业、2017年通过复审，有效期至2019年12月；企业文化成果《"五融合五提升"创造老厂发展新动力》获评2016年度中电联组织的电力企业文化建设优秀成果一等奖。

一、大唐精神深植于心

精神宣贯的真正要义在于对人思想的渗透和与行为方式的融合。陡河发电厂始于1973年12月开工建设，1987年8台燃煤发电机组全部建成投产，总装机容量1550MW，是当时全国最大的火力发电厂。建厂40多年来，历经大地震的磨难，重建家园，稳定生产，创达标、创一流企业，小机组关停，在役机组供热、环保改造。为使老企业能够适应新的形势，以蓬勃之势继续散发历久弥新的光芒，厂特别注重对新时期大唐精神的弘扬和对本企业优良传统的挖掘和传承，以提升老企业发展的新动力。

"务实、奉献、创新、奋进"的大唐精神自2014年发布以来，陡河发电厂坚持顶层设计，制定了宣贯和建设实施方案，明确了指导思想、具体措施和建设目标，全方位、多维度宣贯和践行。

外化于形。陡河发电厂及时下发了学习贯彻大唐精神活动通知，编写宣贯提纲，对大唐精神内涵进行了深入阐述；在综合楼房顶安装"务实、奉献、创新、奋进"大唐精神八个大字宣传牌，在厂办公楼显著位置和各车间班组张贴大唐精神宣传画；拍摄了大唐精神公益广告片；制作了大唐精神宣贯幻灯片；通过电子刊物全文刊登大唐精神解析，把此内容列为支部学习日和班组学习日重点；在报纸、电视、网站等媒体加大宣传力度，制作"我们的大唐精神"专题网页，开办大唐精神专栏，在全厂范围内营造了宣贯大唐精神的浓厚氛围。

内化于心。弘扬新时期的大唐精神，与企业特色结合，2014年推出了7大板块、十几项具体内容的活动，将大唐精神宣贯与企业精神文明建设月活动、岗位探亲活动、企业文化特色成果发布活动有机结合，厂党政负责人进行大唐精神宣讲，传播文化理念，同时举办了"大唐的精神，大唐的脊梁暨最美大唐人"巡回宣讲，受众近千人。2015年按照大唐集团公司、大唐国际关于宣贯大唐精神有关要求，开展了贯穿全年的"大唐精神在身边"故事会活动。其间，厂集中组织宣讲5次，承办大唐国际津唐赛区故事宣讲1次，各基层党支部自行组织43次，推出不同层次的典型集体和个人23个，受教育面达1800余人次。2016年继续推进大唐精神的宣贯活动，制作践行大唐精神H5，开展弘扬大唐精神为主题的道德讲堂活动，组织车间、班组文化样板评比等，凝聚了职工奋进的动力。2017年开展"大唐精神在基层"系列活动，坚持故事"月讲月报"制度，让基层职工主动参与大唐精神宣贯，在基层"文化创造"上各尽其能，电气队推出的"明星上镜"、辅控车间推出的"省文明家庭故事会"等都有力促进了大唐精神在基层的宣贯。

形成体系。在中国大唐集团公司母文化统领下，陡河发电厂遵循"价值思维，效益导向"的核心理念，以"务实、奉献、创新、奋进"的大唐精神为统领，制定了《陡河发电厂企业文化建设规划》及推进方案，明确了陡河发电厂企业文化建设的总体目标、阶段任务、重点项目等；将本企业优良传统和作风进行提炼总结，对大唐精神作出陡电个性化的诠释，形成了由企业管理理念、安全理念、员工行为规范等内容构成的子文化体系。

在陡电建设初期，职工们争分夺秒刻苦学习新技术，连续接管4台引进机组并实现稳定运行；"不等、不靠、不推、不怨"，对4

台 20 万国产机组进行了大规模的治理和改造，成为国产 200 兆瓦机组的示范厂。这个时期呈现出来的"特别能战斗、特别能吃苦、特别能奉献"的创业豪情就是大唐精神中的"务实"。1990 年初，创安全生产达标期间，全厂职工上下一心，连续 8 个星期日不休息，5 万人次参加义务劳动，奉献工时达 30 多万个。先后有 700 多名职工奔赴祖国大江南北，为大唐发展壮大奉献了一个老企业的力量。近年来，在环保改造任务异常艰巨、抢发电量难度前所未有的严峻形势下，全厂职工共同努力打赢了一场又一场攻坚战役。"在急难险重任务面前，无条件接受，出色完成"的奉献品质与大唐精神中的"奉献"是一脉相承的。面对再大的困难，都以勇争第一的信心和勇气，率先创安全生产达标企业和"一流火电厂"。在大唐集团公司"创一流"工作中始终走在了"第一方阵"，面对大唐国际系统内大容量新机组的崛起和新厂新制不设检修队伍的机遇，陡电检修队伍勇闯市场，打造检修品牌。这种"敢为人先、永不服输、直面挑战、超越自我"的夺魁魄力就是大唐精神中的"创新"。面对 7.8 级强震造成生产设备、生活设施巨大损失，承受着失去同事和亲人的巨大悲痛，仅用 15 个月的时间，就再次向电网输送出源源不断的电能。近年来，社会用电需求下降，机组设备逐年老化，企业发展遇到瓶颈。陡电人心系发展，主动作为，大刀阔斧进行机组供热改造，使企业由单一发电转为热电联产，缓解关停危机；北郊项目历经八年终获核准，成立了北郊热电公司，与陡电一体化管理，企业实现了发展新跨越。"公而忘私、患难与共、百折不挠、勇往直前"的抗震不屈，"忠于职守、顾全大局、迎难而上、敢于亮剑"的勇于担当，就是对大唐精神中"奋进"的诠释。

在长期的工作实践中，陡电还总结提炼出一些个性化理念，如"人人都做经营者，效益就在我手中"的经营理念，"员工与企业共存，安全与效益相融"的安全理念，"坚持 120 分工作标准和勇争第一"的工作理念，"应修必修，修必修好"的检修理念，"让我们做得更好"的服务理念，"诚实守信"的企业道德观，"一丝不苟的严谨作风；善打硬仗的坚韧作风；深入一线的求实作风；不断进取的争先作风"的企业作风。

二、大唐精神引领陡电发展转型

一个企业，想要持续发展，所依靠的，一定是企业的文化。文化能否渗透并得到传承，取决于是否能够融于企业发展脉络，是否能够很好地融入企业中心工作。陡河发电厂秉承大唐精神，用文化引领发展，用文化带动升级。

文化引领发展。秉承创业不息、奋斗不止的奋进精神，陡河发电厂谋求发展的脚步从未停歇。继对在役机组进行 DCS 改造之后，先后完成了两台 250MW 机组、4 台 200MW 机组供热改造，在役 6 台机组全部向唐山市区供热，供热面积达 1200 万平方米。检修公司开疆拓土，领域涉及火电核电，成立了驻宁德核电分公司，打造了"陡电检修"金字招牌；教育培训中心坚持绿色发展道路，挂牌中国大唐集团公司干部培训学院教学基地；华之杰科技公司历经 10 余年磨砺，已跻身于行业内 IT 领域中具有一流竞争力的系统提供商行列。北郊项目历经多年终获核准，成立了北郊热电公司，在建两台 350MW 热电联产机组计划于 2018 年投产，与陡河发电厂一体化管理。企业发展有了新希望。

文化带动升级。秉承履行央企责任的奉献精神，陡河发电厂全力推进企业转型升级。坚持绿色发展，斥资 14 亿元先后实施干除灰、干除渣系统改造、李家峪灰场综合治理、烟气脱硫和脱硝系统改造、超低排放改造、煤场封闭棚化改造等重大环保工程，实现了废水零排放、灰渣零排放，主要污染物达到国家超低排放限值要求。有效改善了唐山市及周边地区环境，荣获"十一五"全国减排先进集体称号，"十二五"期间节能指标全部提前完成。

文化促进提升。秉承锐意进取的创新精神，陡电人更加善于站在行业的高度思考问题，依据企业实际，不断寻觅管理良策，助力科学发展。将 6S 管理和核电文化理念融入生产、检修管理，进一步规范作业程序，提升了现场工作执行标准，提升了职工职业素养，促进了文明生产上水平，实现了人、机、管、环和谐统一。积极推进制度化管理，用制度管人，按规章办事，全面梳理修编企业技术、管理、工作标准 2000 余个，顺利通过中电联 AAAA 级标准化良好行为企业现场确认。推进全面 E 化管理，达到了管理数据精准化、及时化、痕迹化和共享化。2013 年推出的"一线工作法"管理模式，以提升管理绩效为导向，以提高发现问题、解决问题的能力为目标，以实现过程管控为核心理念，通过建立对标、预警、点评、现场联查、督查督办、绩效考评六个工作机制，确保管理流程中制定、执行、检查、改进等环节的工作得到有效落实。此成果荣获中电联管理创新成果二等奖，荣获电力行业企业文化优秀成果二等奖。

三、专项文化建设百花齐放

陡河发电厂将安全文化、廉洁文化、人才文化、学习文化、诚信文化等作为专项文化建设的重要内容，通过深入宣贯、策划规划、全面实施，推动制度创新与文化管理的和谐一致，实现文化与管理的对接。

安全文化融入安全管理，打造本质型安全企业。坚持把安全工作摆在首位，通过健全和完善安全体系，引入和创新先进的管理方法，形成了"员工与企业共存、安全与效益相融"的安全文化理念，通过建设"安全教育室"，开展"全员控制差错""反违章交流平台""安全生产知识竞赛""安全生产辩论赛""安全为了谁"大讨论等多项活动，增强了职工的安全意识，营造了浓厚的安全文化氛围。至 2017 年 6 月，陡河发电厂连续安全生产突破 13 周年。陡电被评为全国安全生产标准化一级达标企业，连续 6 年保持全国安全文化建设示范企业称号。

廉洁文化融入廉政建设，筑牢廉洁自律思想防线。把廉洁文化建设列入企业文化建设重要内容，建立了"党委统一领导，党政齐抓共管，纪委组织协调，相关部门发挥优势，广大干部职工群众积极参与"的廉洁文化建设领导体制,努力构建"从思想上不想腐,从制度上不能腐,从法纪上不敢腐"的廉洁防线。党的十八大以来,进一步创新廉洁文化建设的形式、方法和手段,在坚持经常性教育的基础上,扩大教育覆盖面和影响力,开展了廉政警句格言书法展评、廉政教育党课、廉洁知识竞赛、廉洁自律承诺、家庭助廉、预防职务犯罪警示教育等活动,取得了良好效果。

人才文化战略助推企业新跨越。陡电立足于大唐集团公司、大唐国际和自身长远发展,推进人才文化建设,强化多元培训,为各类人才充分发挥作用搭平台设舞台,引导职工自觉将个人奋斗目标与企业发展战略目标统一起来,争当大唐铁军先锋。创新用人选拔机制,重实绩、经验而不唯学历、职位,倾向管理、生产一线骨干职工,确保选拔工作阳光操作。近年来为大唐乃至全国电力系统输送高级管理干部、专业技术人才近 700 人。人才文化建设成果获得全国电力行业企业文化建设优秀成果二等奖。

学习文化培育实干型人才。用先进的学习理念、科学的学习方法、宽广的学习舞台去激发员工的学习热情和潜能,以人为本,努力打造切合企业实际的优良学习文化,助力企业发展。坚持"培训年"活动,组织全员培训,同时多层次、多渠道、全方位促进学习成果的转化。结合检修岗位机组大修,开展大修特色培训,培养能干、会干的一线"实干家";以创新能力和管理能力为核心,开展管理者队伍建设,培养业务精、作风实的"好管家";同时抓新员工培训,抓氛围营造,抓政治理论素质提升,充分发挥教育培训基地的作用,完善学习制度体系;近几年,在国家部委、行业、系统的各项技术、技能比赛中,有 17 名技能精英摘得桂冠。

诚信文化营造诚信道德氛围。坚守社会、政治、经济三大责任,认真践行诚信建设制度化意见,树立了"负责任、有实力、可信赖"的中国大唐品牌形象。举办道德讲堂解读诚信道德精髓,讲述身边的道德模范故事;开展为民服务、敬老助残、社会公益志愿服务活动;加大环保投入力度,明确环保红线、底线,强化制度、责任、责任追究"三落实"，实现环保设备可靠运行和指标达标排放。陡电连年被唐山市人民政府评为重合同守信用企业。荣获河北省诚信企业称号。

四、文化品牌建设绽放光彩

在企业文化建设过程中，陡河发电厂坚持在继承中创新、在创新中发展、在发展中收获，打造出一个又一个特色文化建设品牌。

"精神文明建设月"活动打造共建共享文化品牌。 坚持把群众性创建活动作为企业文化建设的重要载体，每年3月份的"精神文明建设月活动"已连续开展22年。每年一个主题，先后以文明礼仪教育、职业道德教育、企业优秀传统文化教育、社会主义核心价值观教育、大唐精神入脑入心教育等主题，活动唤起了职工内心对企业优良传统文化的坚守，实现了精神文明和物质文明的双丰收。特别是坚持22年的活动日志愿为民服务，得到了广大职工及家属的高度认可，受益者达万余人次。荣获唐山市"精神文明建设创新项目"奖。

"岗位探亲"活动打造家庭和谐文化品牌。 把家庭和谐作为促进企业文化创建的重要元素，已连续11年开展"岗位探亲"活动。通过创造性地组织职工家属"岗位探亲"活动，营造了和谐的家庭氛围，进一步激发了职工的工作热情，亲情推动了企业安全、廉洁、和谐发展。该活动在中国大唐、大唐国际系统以及地方企业中获得一致好评，荣获唐山市思想政治工作创新案例优秀奖、全国电力行业企业文化建设优秀案例一等奖。

"三讲一树"活动打造传承传统文化品牌。 自2016年以来，推出了"讲陡电历史、讲陡电传统、讲陡电厂风，选树弘扬大唐精神的先进典型"的"三讲一树"活动，搭建起文化传播和思想教育的大舞台，激发了干部职工继承陡电老一辈优良传统，发扬新风尚的热情。先后组织了20次陡电厂史讲解，受教育1000余人。在纪念唐山抗震40周年之际，举办了以"弘扬抗震精神，共建美好家园"

等一系列主题教育活动，受到全厂干部职工一致好评。

文明社区创建活动打造幸福家园文化品牌。大力推进文明社区创建，加大对社区绿色、美化、亮化工程投入力度，厂党政一把手亲督办落实，先后更新绿植 20000 多株，覆盖 2000 余平方米，社区的绿化美化全面升级。改造社区活动中心、篮球馆、游泳馆，增设活动区域和器材，成立了包括篮球、足球、乒乓球、游泳、太极拳、大众舞蹈、炫动锣鼓等 16 个文体协会，参与人数近 300 人，带动人数达 1500 人。坚持在春节、暑期等时间节点开展业余文化活动，丰富了社区居民的业余文化生活。

精神的引领，文化的传承，使陡河发电厂收获了丰硕的果实。企业先后荣获全国一流火力发电厂、全国模范职工之家、全国"安康杯"竞赛活动优胜单位、中电联 AAAA 级标准化良好行为企业等多项荣誉称号。连年荣获中国大唐集团公司一流企业、文明单位称号，连续 20 年荣获"河北省文明单位"称号。

中国能建广东省电力设计研究院有限公司

四维视角文化
引航国际工程公司长征路

中国能建广东省电力设计研究院有限公司（以下简称"广东院"）高度重视企业文化建设工作，成立企业文化建设组织机构，采用多维视角，通过秉承传统、兼收博采、坚持特色、延展深度四个维度，充分发挥企业文化在转变观念、凝聚力量、提升管理、开拓市场等方面的重要作用。2012 年，广东院荣获中国电力企业联合会电力企业文化优秀成果一等奖，2014 年荣获中国电力规划协会企业文化专委会 2014 年课题研究成果特等奖。

一、继往开来，广东院人顺势而为

（一）整合提炼建立文化体系

2003～2008 年，广东院对原有的精神文化、制度文化等进行分析梳理、总结提炼，搭建起以"为顾客创造价值，为我们谋求发展"为核心价值观，以"求实创新，携手共进"为企业精神，包括战略目标、管理理念、经营理念、服务理念、安全理念、廉洁理念、团队作风等在内的相对完整的企业文化理念体系。全面导入并规范使用企业形象识别系统（VI），制作《企业文化理念宣传手册》，全方位、多角度进行宣贯，使全体员工对企业文化理念入脑、入心。

（二）巩固提升塑造文化品牌

2009 年，广东院根据战略转型的需要，重新确定企业精神和核心价值观，并于 2010 年形成了以"服务于战略，固化于制度，体现于行为"为宗旨，以"创新先行，精心专注"为品牌核心价值语，以"始于需求，长于满意"为品牌定位，构筑"两大系统（核心理念、行为准则）、五大价值观（经营观、管理观、安全观、服务观、廉洁观）、一个根基（以人为本）"的品牌文化体系；编制《广东院品牌管理手册》，在引领企业发展上充分体现出战略导向、客户导向、行为导向，推动企业在安全、质量、效益、科技、队伍等方面全面提升。2013 年，以"让能源更高效，让环境更美好，让服务更优质，让员工更幸福"为企业使命，重新发布《企业文化理念体系》，编制《中国能建广东院企业文化指南》；2014 年以"服务客户，创造价值，崇尚奋斗，成就卓越"为新的核心价值观，把企业文化发展推向品牌建设新阶段。

围绕品牌文化建设，广东院明确了"系统规划、分段实施、全面推进"的基本原则，制定了以"品牌文化体系"为核心内容的《企业文化建设十年规划》，较为完整地确定了广东院经营理念、战略目标、管理方针、班子作风、职工守则等方面的推进方式与考核内容，促使"广东院品牌"在国内外市场上占据一席之地。

（三）有序导入集团母文化核心理念

广东院整体划归中国能源建设集团后，于2016年直接导入了以中国能建"组织使命""战略愿景""两善"价值观、"两致"精神、"两精"宗旨、"两有"作风、"两为"理念、"两同两创"准则为核心的集团母文化核心理念，并在传承扬弃的基础上，健全完善了发展理念、管理理念、服务理念、安全理念、廉洁理念等特色子文化理念，新版的《中国能建广东院企业文化理念体系》更加紧密地融入企业生产经营管理，两者相互统一、共进双赢。

二、兼收博采，广东院人追求卓越

在中国能建母文化统领下，广东院兼收博采，既注重吸收集团母文化精髓，又主动培育特色子文化，以进行落地转化和提供实践支撑，形成了独具特色的"创新文化""诚信文化"和"走出去文化"。

（一）创新文化

广东院将"让能源更高效，让环境更美好，让服务更优质，让员工更幸福"传承为企业发展理念，寓意企业与时俱进，为提高能源利用效率，为世界能源可持续发展奋勇创新。为实现"行业领先，世界一流"战略愿景，"创新文化"是广东院建设具有核心竞争力国际工程公司必不可少的文化基因，是广东院激流勇进、开拓奋进的时代选择。在2017年第十届三次职工代表大会上，广东院进一步明确了"创新驱动，转型发展，走好国际工程公司长征路"工作思路，蕴含了广东院先行先试的果敢与敢为人先的魄力，进一步诠释了广东院不甘平庸、争创一流的品格。

（二）诚信文化

广东院将"服务客户，创造价值，崇尚奋斗，成就卓越"传承为企业管理理念，持续倡导以客户需要为导向，为客户提供有价值的产品和服务，用诚信服务满足客户、企业及社会各方对价值的需求。倡导员工为人真诚，待人信义，爱岗敬业，忠诚企业，讲真话、做实事；倡导企业合规经营，重合同、守信用，坚持严格履约，全面兑现承诺，全面履行社会责任，以诚信推动广东院与国内外设计企业、咨询公司、有实力的企业等合作伙伴谋求广泛合作，有效增强了国内外资源的融合力和感召力，进一步树立了广东院明礼诚信、共同发展的良好形象。

（三）"走出去"文化

在"世界能源，中国能建"的组织使命号召下，广东院积极倡导建立"走出去"文化，着力打造具有核心竞争力的国际工程公司。广东院将做大做强国际业务作为转型升级的重要举措，集结全公司资源，齐心协力，做到组织保障优先、资源配置优先、人才选聘优先、激励保障优先，努力培养运作投融资项目的能力、有效整合各种资源的能力、创新业务模式的能力，通过选择成熟的重点国别深耕细作，推动国际业务多元化发展。在未来的发展中，广东院会在更大范围、更广区域、更高层次上参与国际经济技术的合作和竞争。

在总结提炼特色文化理念的基础上，广东院还坚持以丰富的文化产品塑造企业形象、打造企业品牌，组织制作了企业形象宣传片、宣传册，设计建造了企业展示中心、多功能厅，策划筹建企业文化活动中心，设计制作了电梯、楼宇文化理念宣传挂图，统一规范了品牌标识，定期出刊《广东电力设计资讯》，以全新、高端的面貌展示广东院企业文化品牌形象，提高了企业的知名度和美誉度。同时，为更好地传承企业文化，广东院成立了专门工作组编撰院史，通过老干部访谈录等形式，将广东院的发展史真实再现。

三、紧扣"1331"，广东院人笃定前行

企业文化往往都是"起飞"容易"落地"难，2017年，广东院全面贯彻落实中国能建要求，紧扣提质增效稳增长这个中心任务，坚持创新驱动、坚持转型发展、坚持国际化发展，实现国际、非电、新商业模式业务的新突破，打造服务于能源和基础设施建设的大平台，加快建设具有国际竞争力的工程公司，即"一个中心、三个坚持、三个突破、一个大平台"（"1331"）这一总体工作思路，制定了《广东院"十三五"战略规划》，明确了以创新驱动、做大做强国际业务、铸就精品为核心内容，引领创新文化、走出去文化、诚信文化落地生根。

（一）健全机制管理，"固化"创新文化

1. 商业模式创新机制，即：以投融资开发联动建设运营为主线，以基础设施建设、非电产业发展、新兴产业培育为主要内容，通过开发转让、技术入股、EPC＋I/F、BOT、PPP、政府购买服务、投融资＋等多种形式，调整公司服务模式结构，增强公司的价值创造能力。在海上风电项目、PPP新业务开发中，通过技术、资金、人才优势，做政府的决策智库，打响企业品牌，利用品牌效应提前抢占市场。目前已完成桂山（200MW）、海陵岛（400MW）、外罗（210MW）三个海上风电场前期工作；2017年中标开平市新一轮生活污水处理设施整市捆绑PPP项目工程，实现了PPP新业务零的突破。

2. 投融资创新机制，即：深入开展产融结合，通过投融资创新为工程业务提供有力支撑，建立投资运营事业部，为公司的转型和国际业务提供专业的投融资服务。针对政府性融资建设项目，尤其是PPP项目，借助中国能源建设集团（股份）公司投资力量，以企业投融资能力和政府付费能力为核心，更好地服务于工程公司战略。

3. 科技创新机制，即：坚持科技兴企，增强企业核心竞争力，不断提高企业的集成创新和引进、吸收、消化、再创新能力，加大

高层次平台的建设力度，2008年成立博士后工作站，2013年成立中英碳捕捉研究中心（CCUS），做好对外技术交流合作、前沿技术研发和储备，致力于在核电、新能源、海上风电、智慧城、通用航空、国际业务等方面拥有一批具有核心竞争力和自主知识产权的科技成果，服务于科技兴企战略。

4.人才培养创新机制，即：以人为本，关注成长，成立GEDI学院，有的放矢开展人力资源规划、培训，支撑各类业务发展。建立健全以合同管理为核心、以岗位管理为基础的市场化用工制度。以公平、合理为原则，根据岗位贡献、责任、能力和所承担的风险，大幅拉开收入差距；注重后备干部培养，开展雄鹰计划、商务经理特训营等针对性的培训，借鉴职业经理人管理理念，创新干部选拔模式，切实践行人才强企战略。

（二）集结一切资源，"内化"走出去文化

1.强化意识灌输，即：以强化企业国际化战略意识和加强国际工程舆论阵地为宣传主线，将"走出去"文化理念灌输融入"两学一做"学习教育、"岗位成长在一线""劳动竞赛"等各类主题活动、各种学习培训、法律法规宣讲、文化体育在理念的深入普及上狠下功夫。同时注意紧密联系员工思想实际，从大家最关心的安全与风险问题入手，有的放矢释疑解惑，使"走出去"文化深入人心，大大增强了员工对国际化的认可，推动走出去战略的实施。

2.实施业务协同经营，即：在全公司范围内实施国际业务优先举措，制定《国际业务市场开发"十三五"规划》，实施《国际业务促进举措》，做到组织保障优先、资源配置优先、人才选聘优先、激励保障优先。优化国际业务经营考核模式，加大协同经营激励约束力度，紧盯每一个重点项目，统一投入优质资源，确保国际业务优质高效有序推进。

3.积极打造外联平台，即：充分利用中国能源建设集团（股份）公司可提供全生命周期工程服务的优势，牵头组建广东省"一带一路"基础设施产业联盟，积极推进组建"一带一路"科技联盟，把公司打造成为整合金融机构、窗口公司、海外本土企业、设备供货商、工程施工方等各方资源的服务平台，以合作共赢、优势互补的开放理念，拓宽市场渠道，联合开拓市场。

4. 密切关注海外驻点经营，即：从大局出发，确保资源配置到位，把境外分支机构真正打造成国际业务的"桥头堡"。不断充实境外分支机构商务和技术支持人员力量，向海外业主充分展示企业的核心竞争力。融入当地文化，寻找合作伙伴，选聘当地员工，增强属地化经营实力，降低经营风险和成本，提升经营成效。鼓励骨干人才在海外驻点经营，开疆拓土，并根据绩效给予高岗级、高待遇、高层次培训，打造驻外机构人员职业发展通道，激励更多人才走向海外、融入海外，确保国际化战略有序推进。目前，广东院的驻外分支机构有：一级机构 3 个，香港、越南、土耳其；二级机构 3 个，印度尼西亚、孟加拉、巴基斯坦；三级机构 8 个，泰国、缅甸、菲律宾、塞尔维亚/波黑、埃塞俄比亚、伊朗、埃及、哥斯达黎加；还有 3 个常驻点，分别是沙特、南非、俄罗斯/中亚。

（三）铸就精品工程，"外化"诚信文化

1. 项目前期周密策划，即：对大型总承包项目在开工前进行方案预演，把握项目业主的企业文化和价值取向，进行合同分析和项目总体策划。以合同为主线，提高风险识别和应对能力。优化生产组织模式，签订项目管理目标责任书，并严格考核兑现，通过精益化管理确保项目履约可控、在控，提高项目收益。

2. 项目过程严格管控，即：对项目进行全过程规范管理，推行项目经济分析制度，推广量化进度控制技术，量化成本与收入结转。推行全成本精细化管理，规范分包和采购合同管理，充分利用中国能建电子采购平台，严格控制项目成本，全力为业主打造精品工程。

3. 项目安质环标准化管理，即：按照精品工程的标准进行质量管理，确保实现项目质量目标，提升顾客满意度。牢固树立"安全是企业发展前提"的理念，坚守"发展决不能以牺牲安全为代价"这条不可逾越的红线，以安全生产标准化为抓手，进行安全宣传教育和应急管理；创新监督检查方式，探索通过互联网技术，初步构筑项目现场安全生产监控信息化框架，确保广东院负责的工程重质量、零事故，赢得业主的信赖和尊重。

伴随广东院诚信文化而来的，是工程履约的累累硕果。2016年，抚州电厂 2×1000MW 工程全面投产；公司首个自主开发、参股投资并总承包建设的风电项目——犁牛坪风电场并网发电，获中国能源建设集团（股份）公司肯定；公司首个海外大型总承包工程——越南沿海一期顺利取得 PAC，并得到了越南国家验收委员会专家的高度评价；孟加拉沙吉巴扎 330MW 燃气联合循环电站投入商运，性能指标达到国际先进水平；香港避雷器项目第一阶段工程提前完工，首个境外输变电项目初战告捷。

四、以人为本，广东院人和谐奋进

广东院密切关注员工的工作生活、思想交流、素质提升等，探索建立有利于员工成才成长的人文环境和制度体系；通过走访调研、调查问卷、员工信箱等形式，实现与员工的有效沟通；定期分析员工思想动态，促进对员工的良性引导。坚持以人为本，把党群工作与为员工办实事、解难事结合起来，及时看望慰问生病、住院员工，积极协助解决员工在工作生活、子女入学等方面的实际困难；成立海外员工服务站，开通 24 小时服务热线，使员工切实感受到企业的关怀。组织开展员工运动会、体育比赛、文化会演等活动，丰富员工业余文化生活，为构建和谐企业、凝聚发展合力提供保障。

五、履行责任，广东院人牢记使命

广东院牢记央企社会责任，始终兼济客户、投资方、政府、社会、员工、合作伙伴、分包商等各方利益，确保依法合规，实现共赢。尤其在节能减排、职工维权、安全生产、社会公益等方面作出表率，树立了负责任的央企形象。环境保护方面，不断探索节能减排新技术的应用，积极开发新能源应用途径，在海上风电、光伏发电、分布式供能、生物质发电等方面成绩显著。构建和谐劳动关系方面，实现劳动合同、集体合同全覆盖，畅通职工表达诉求渠道，坚持领导接待日和党委委员联系点制度，建立总经理信箱，及时回应职工诉求、化解矛盾，健全完善职工社会保障，及时足额缴纳基本社会保险和企业年金，保持职工队伍稳定。安全生产方面，加大安全生产投入，健全安全生产组织体系，不断提高安全生产管理水平，实现安全生产零事故。在公益活动方面，积极开展精准扶贫、捐资助学、志愿服务等活动；2016 年至今，已公益性捐赠资金近 100 万元。

六、实施成效

（一）提升企业经济效益

广东院自 2011 年起连续 6 年合同额超出百亿，累计实现合同签约额 717.42 亿元（2016 年 105.5 亿元、2011～2015 年 611.92 亿元）。2016 年营业收入达 54 亿元，较 2010 年度增长 136.6%，资产总额达 61.7 亿元；初步从传统的电力设计院转型为国际工程公司。

（二）增强核心技术实力

先后荣获国家和省（部）级科技进步奖 200 余项，各类工程勘察、设计和咨询奖逾 600 项。近 5 年来，主编或参编国际、国家及行业技术标准 130 余项，拥有专利、专有技术及软件著作权等自有知识产权成果近 550 项。2016 年，广东院再度入选中国承包商 80 强，连续 13 年位列中国工程设计企业 60 强，连续 8 年获评全国实施卓越绩效模式先进企业，成为至今唯一入选中国海洋工程咨询协会年度"十佳单位"称号的电力企业，获得广东省优秀自主品牌、广东省自主创新示范企业、广州开发区优秀服务外包等荣誉。

（三）增强社会影响力

2015 年 1 月 5 日，中央政治局常委、国务院总理李克强到广东院考察，寄语广东院："感谢你们为中国装备走出去创造了条件，让中国装备、中国标准在世界上亮出了名片！希望你们成为中国装备走出去的航母！"2015 年 7 月 18 日，时任中央政治局常委、国务院副总理张高丽应邀慰问了广东院作为总承包方的越南永新燃煤电厂一期项目人员。

（四）丰富文化实践产品

打造系列文化产品，包括企业宣传册、宣传片、展示厅、多功能厅、文体活动中心、《GEDI》学院、院史、员工温馨家庭工作站、海外员工服务站，《广东电力设计咨询》《GEDI》《南方能源建设》《发电之家》报刊等。

南瑞集团公司（国网电力科学研究院）

深化企业文化建设
推进文化强企战略

南瑞集团公司（简称"南瑞集团"或公司）是国家电网公司直属单位，与国网电力科学研究院实行一体化管理，系国家创新型企业、国家火炬计划重点高新技术企业和国家认定企业技术中心，经多年自主创新发展，业已形成完整的智能电网技术和产业体系，发展成为全国技术水平最高、产业规模最大的电力系统自动化、电力信息通信、超/特高压交/直流输电、柔性交/直流输电、水利自动化技术、设备和服务供应商。现有员工 17000 余人，总资产超 600 亿元，下属产业公司分布在江苏、北京、天津、重庆、湖北、安徽、广东等 12 个省级行政区，以及海外的巴西、印度尼西亚、印度等国家和地区。

近年来，南瑞集团深入学习贯彻习近平总书记系列重要讲话精神，以社会主义核心价值观为引领，努力弘扬和建设公司卓越文化，大力推进企业文化传播工程、落地工程、评价工程和建设管理，有效提升企业素质和队伍素质，为集团全面深化改革和推进转型升级提供了强有力的文化保证。

一、构建"一型五化"矩阵，加强卓越文化传播

南瑞集团始终注重思想先行、以知促行，针对产业规模大、地域分布广、业务差别大、青年员工多等特点，着力打造贴近实际、贴近基层、贴近员工的传播体系，推动卓越企业文化内化于心、外化于行。

（一）整合型分众化传播

实施整合型传播。统筹党政工团各方力量，统筹各类实体设施和虚拟空间等媒体资源，着力构建"廊厅堂网"线下线上传播矩阵，通过文化长廊、展厅、讲堂、网络等载体，充分发挥共享联动优势，广泛深入开展卓越文化宣传活动。实施分众化传播。针对公司员工80 后和 90 后占绝大多数的实际，积极运用互联网思维，在面向全员的"南瑞人"微信号之外，开设"青春南瑞"微信平台，内容提供以"短""新""潮"为主，充分运用网络语言、时尚文体、互动模式传播核心价值理念；针对新员工，集中组织企业文化入模教育，

举行迎升司旗、唱奏员工之歌、宣读员工誓词等一套入职仪式，举办文化理念培训、先进人物事迹报告、撰写心得体会等一系列活动，激发新员工的荣誉感和责任感，增强新员工的文化认知认同。

（二）人格化故事化传播

推行价值观人格化。建立健全典型考察、入库、培育、选树、宣传一体化工作机制，持续开展"走基层、树典型、展风采"系列活动，培育了一批叫得响、立得住、群众认可的先进典型，如甘于奉献的中央企业优秀共产党员朱金大、锐意创新的"百千万"人才工程国家级人选方勇杰、责任担当的全国机械行业劳动模范卢有清、诚信守诺的江苏省十佳文明职工李威、爱岗敬业的全国青年岗位能手李德胜等。推行理念故事化。近年来，南瑞集团各个层面举办"卓越文化故事会""最美家庭"分享会、"故事达人赛"等活动30余场次，并利用公众微信号不间断推送"微故事"。故事化、情境化演绎，辅以沙画、演讲、相声、光影秀、歌曲编排等新颖表达形式，请身边人讲身边事，用身边事教育身边人，取得了非常好的效果。

（三）特色化品牌化传播

实施特色化传播。创造性开展以"五个一"为主要内容的企业文化宣贯月活动，各单位在完成主要负责人讲授一次企业文化专题课、决策会议研究部署一次企业文化重点工作、组织一次企业文化学习培训、举办一次企业文化展示、开展一次企业文化主题活动等规定动作的基础上，纷纷加演亮点动作，两年"企业文化宣贯月"共计集中开展各类活动120余场次。活动中，公司领导亲自上阵、全员共同参与，营造了重视文化、建设文化、践行文化的良好氛围。实施品牌化传播。结合科技创新、安全生产、优质服务等中心工作的"道德讲堂"，以创新、创效、创优、诚信、责任、奉献为关键词的"南瑞大讲堂"，以及"身边的榜样""奋斗青春最美丽"等主题活动，长期以来深受干部员工欢迎，业已形成富有南瑞特色的企业文化传播品牌系列，有效增强了企业文化的感染力、影响力和穿透力。

二、围绕"四融四进"目标，推动卓越文化落地

南瑞集团大力实施文化落地工程，推动卓越文化"四融四进"，极力为企业转型升级和持续发展增添内生动能，为建设世界一流的国际化产业集团提供坚强保证。

（一）进战略融入中心工作

强化文化引领，服务企业战略，围绕中心工作，将"五统一"要求渗透到经营管理的方方面面。2008～2012 年期间，南瑞集团经历了两次较大规模的战略重组，先后有 24 家产业单位并入，占集团产业单位总数一半以上；划转员工 13652 人，占当时员工总数的60.4%。并入企业资产构成、队伍结构、业务范围、管理水平、地域分布等差别很大，给重组后的管理带来相当难度。为此，集团连续两年开展"五统一"企业文化在新并入企业落地实践，建立了以体系建设为基础、环境建设为切入、学习培训为重点、典型选树为引领、考核评价为推手的重组并购企业文化整合管理模式，推动并入企业快速融入国家电网公司企业文化体系，确保了重组过程交接平稳有序、业务持续发展、队伍和谐稳定。经验做法得到了国家电网公司的充分肯定，并获得中电联企业文化建设优秀案例一等奖。

（二）进领域融入企业管理

践行卓越文化，深化卓越实践。南瑞集团将国家电网公司核心价值理念深植队伍建设、财务资产、物资采购、国际化等重点领域，推动企业文化与业务管理互融互进、相辅相成。近年来，南瑞集团加快"走出去"步伐，先后在巴西、印尼、印度投资建厂，并在其他国家设立 16 家分支机构。为最大限度地消除跨地域、跨语言、跨文化等带来的不利影响，南瑞集团大力实施"四化四入"跨文化管理，即正视多元化、促进战略导入，运用可视化、促进理念植入，坚持人本化、促进情感融入，倡导公民化、促进形象嵌入，有力促进了海外业务的发展。近 3 年，新签海外合同额累计达 113 亿元，国际业务收入年复合增长率达 30% 以上，核心自有产品远销 93 个国

家和地区，主导和参与制定 29 项国际标准，推动相关领域实现"中国引领"。

（三）进专业融入制度标准

推进卓越文化进入科研、营销、安全生产、质量管理等专业，推动文化理念固化于制、转化成效。作为国家创新型企业，南瑞集团坚持以技术立足、以客户至上、以员工为本的经营理念，高度重视科技创新并不断完善制度建设。近年来，在全面对接国网公司通用制度基础之上，结合实际相继出台集团《科技成果鉴定管理细则（试行）》《科技项目经费管理办法》《科学技术进步奖励办法》《重大专项激励管理规定》《重点研发人员激励暂行办法》《全员科技创新暂行管理办法》《首席技术专家管理办法》等 10 多项规章制度，在课题申请、经费资助、成果报奖、专项激励、职业发展上给予重点倾斜，有效激发了员工的创新热情和创造活力。五年来，南瑞集团获得省部级以上科技奖励 348 项，其中国家级奖励 9 项；获专利授权 1088 项，其中中国优秀专利奖 10 项、国际专利授权 6 项；登记软件著作权 436 项。

（四）进班组融入员工行为

南瑞集团将企业文化建设重心下沉基层班组，推动卓越文化落细落小落实，落到岗位、落入行为。按照生产型、科研型、工程型、营销型、综合型等不同类别，开展"比贡献、比规范、比技能、比创新、比协作、树形象、树品牌"班组对标，在此基础上组织示范班组开展"团队的荣光"成果分享，活动得到了国网公司领导批示肯定，人民网、新华网、《工人日报》《中国电力报》《国家电网报》、江苏省电视台等对班组建设工作纷纷报道。在行为融入上，基于能力素质模型理论，通过价值观转换素质项、素质项转换行为锚、行为锚转换绩效尺、绩效尺转换应用盘的"四步法"，探索构建卓越文化理念落到员工行为和绩效的方法论，推动员工理念认同转化为自觉行动，着力打造素质优秀、作风优良、绩效优异的卓越团队。

三、健全"三位一体"机制，推动文化管理升级

南瑞集团坚持把企业文化机制建设作为一项长期性、根本性和基础性工作来抓，持续打造组织领导坚强、管控执行有力、评价激励有效的"三位一体"企业文化管理格局，充分发挥企业文化功能作用。

（一）加强组织领导，凝聚文化建设合力

健全各级党组织统一领导、党政工团齐抓共管、党群工作部门归口管理、业务部门分工负责、全体干部员工积极参与的工作格局。抓住"关键少数"，落实领导责任。充分发挥党组织在企业文化建设中的领导核心作用，坚持"三个建设"一起抓，"一岗双责"同肩挑，主要领导亲口讲文化、亲手抓文化，形成领导率先垂范、一级带一级、层层抓落实、全员共践行的良好局面。构建协同网络，健全工作机制。依托"大政工"体系，建立健全企业文化工作机制，增强文化管理和业务管理的耦合效应。加强企业文化专兼职人员队伍建设，依托各类交流管道营建畅通、互动、共享的工作平台。工作网络横向到边、纵向到底，确保企业文化工作形成合力、执行有力。

（二）加强项目管理，增强文化建设动力

坚持以实际、实用、实效为导向，以项目化管理为抓手，着力加强企业文化建设管理工作。分层分类管理。通过集中研讨、现场调研、问卷调查、个别访谈等方式，了解掌握各单位企业文化建设需求信息，有针对性地发布项目指南，开展项目征集，按照传播类、落地类、管理类分别纳入储备库管理，并根据项目范围、问题属性和推广价值进行三级管控。2012年至今，共完成公司级重点项目12个、集团级重点项目74个。"五步四推"管控。针对集团级项目，分预研立项、开发实践、中期检查、总结推广、迭代升级五个步骤，每个步骤再按照"PDCA"四个环节滚动推进。其中，在申报阶段引入竞争机制，采取竞标形式择优立项，确保项目的针对性和有效性；在项目实施阶段，以里程碑事件为节点，通过信息报送、

台账检查、实地抽查等方式及时跟踪指导，实现对项目全生命周期的管理。

（三）加强评价考核，激发文化建设活力

深化企业文化管理评价。对基层单位，采取定性和定量相结合的评价模式，从传播、落地、评价、管理四个维度构建评价指标体系，并根据考核对象业务特点、队伍结构、发展阶段、经营规模的不同，进行分组考核评分。对管理部门，按照年初制定的《统一的企业文化建设方案》和集团政工综合计划，对责任部门的工作成效进行评分。文化管理评价结果最终纳入负责人业绩考核。深化企业文化专项评价。坚持将各单位联评作为企业文化专项评价过程的重要环节，在体现公平、公开、公正的同时，促进相互学习借鉴和交流共享。坚持好中选优、宁缺毋滥的原则，定期评选表彰企业文化工作先进单位和个人，每年开展企业文化示范点评选和复查，以及企业文化建设优秀成果、案例，"十佳道德讲堂""十佳文化长廊"等评选工作，在此基础上构建典型库、案例库、资源库，形成了一批可借鉴、可推广、有影响力的最佳实践。

四、工作成效

南瑞集团大力推进文化强企战略，以统一为基础，以卓越为导向，深化企业文化建设，全面推动企业创新发展、转型发展和科学发展。

（一）追求卓越品质，塑造品牌形象

用文化锤炼人品，靠人品保证产品、打响企品。近年来，南瑞集团全程参与特高压工程建设，全面攻克并掌握智能电网、大电网安全稳定、新能源接入等核心技术，全力支撑全球能源互联网建设，得到了各级领导和社会各界的充分肯定，赢得了客户和市场的青睐。连续十五届进入中国软件企业百强，连续十一届成为中国十大创新软件企业，旗下拥有 3 件中国驰名商标，多家企业被授予全国"守合同重信用"单位称号。积极参加青奥、航天发射、G20 峰会等国

家重大活动保电任务，切实履行社会责任，极力彰显责任央企形象。

（二）打造卓越团队，提升人才效能

以人为本，以文化人，持续打造卓越团队。截至2016年底，用工总量17925人，平均年龄32.5岁，其中研究生和本科学历分别占比21.6%和42.2%，拥有包括2名中国工程院院士在内的50余名国家级人才、百余名省部行业级人才，涌现了一批全国五一劳动奖章获得者、中央企业优秀共产党员、省部行业级和国家电网公司级劳动模范在内的先进人物，形成了一支规模适当、素质精良、结构合理、梯次配备、争先创优的员工队伍。5年来，人均营业收入、人均利润分别增长116%和40%，人力资源效能显著提升。

（三）深化卓越实践，创造卓越绩效

南瑞集团以卓越文化为指引，全面深化改革，推进转型升级，实现电力二次到电工装备制造完整产业链的重大跨越，战略新兴产业、国际业务发展、商业模式创新取得重大突破，企业发展速度、质量效益、创新能力、综合实力得到全面提升，2016年实现营业收入370.83亿元，新签合同额、利润总额分别是5年前的2.3倍和1.4倍。集团先后获得"全国文明单位""全国五一劳动奖状""全国创先争优先进基层党组织""全国厂务公开民主管理先进单位""全国模范职工之家""全国五四红旗团委""全国电力行业思想政治优秀单位"等殊荣，实现物质文明和精神文明双丰收。

国家电投通辽发电总厂

追求人企双赢　唱响和谐乐章

素有"草原明珠"美誉的通辽发电总厂（以下简称"电厂"），位于通辽市西北 11 公里处，占地面积 15.14 平方公里，总装机容量为 140 万千瓦，是东北电网的骨干企业之一，隶属于国家电投集团内蒙古能源有限公司。自 1985 年投产发电以来，从建厂初期"沙漠建楼奇"的卓越历程，到"双达标企业""全国一流火力发电厂"的骄人业绩，再到百万电厂的历史跨越，直至同业领先目标的不懈追求，通辽发电总厂的企业文化建设经历了萌芽、形成、提升、再造四个阶段，形成了以"和谐双赢，赢得发展；携手共赢，赢得未来"为文化内涵，以"安全文化、行为文化、廉洁文化、管理文化、和谐文化"为子文化的"一主多优"的企业文化体系，以"赢"为主旋律唱响了企业与职工和谐发展的新篇章，续写着草原明珠的辉煌！企业荣获了自治区企业文化建设示范单位、全国企业文化建设先进单位、国家电投文明单位、全国文明单位、全国先进基层党组织、全国五一劳动奖状等多项行业、自治区、国家级荣誉称号。

一、以"赢"为统领，在企业发展中创新企业文化

通辽发电总厂历经 32 年的沧桑巨变，在企业管理的淬炼中完成了经验管理向文化管理的过渡，实现了企业文化由平凡到非凡的创建。从创业之初的"扎根草原、献身电业"，到全面生产时期的"创电力名牌、争世界一流"，再到今天的"引领核电发展、奉献绿色能源"，不同时期的企业精神鼓舞着一代又一代通电人，推动了企业各个历史时期发展目标的实现。

进入 21 世纪，在电力市场由区域垄断走向广域竞争的背景下，"计划电"与"市场煤"的突出问题，职工个人需求与企业发展要求之间的突出矛盾，以及机组老化、盈利能力差、发电成本高、人才流失严重等问题，使得如何提升企业的核心竞争力成了当前改革与发展的重中之重。

作为电力行业的老企业，电厂顺应发展形势，及时调整经营理念、管理方式、赢利模式，在传承优秀文化的基础上，积极探索，

勇于创新，在企业、职工和市场三者中，找到了文化与管理的结合点——价值取向，找到了企业与职工追求的共同点——"赢"文化元素，找到了和谐与科学发展的支撑点——双赢与共赢，构建了一个以"赢"为核心文化的企业文化体系，提炼、精炼"和谐双赢，赢得发展；携手共赢，赢得未来"的深刻文化内涵，使企业焕发出了勃勃生机，让企业价值与个人价值同步提升，实现了企业、职工、市场的双赢和共赢。

二、以"赢"为核心，在企业生产经营中构建企业文化体系

特色是金，差异是宝。独特的企业文化是事关企业兴衰、成败的关键。通辽发电总厂的企业文化建设，以国家电力投资集团公司"和文化"为基础和背景，秉承内蒙古能源有限公司"能源"文化"能自循环科学发展，源于和谐价值共享"的文化内涵，挖掘建厂以来的文化底蕴，顺应企业与职工的共同需求，遵循市场经济的价值规律，把组成"赢"字的"亡、口、月、贝、凡"五种文化因子融入企业的安全文化、行为文化、廉洁文化、管理文化、和谐文化之中，形成了一个以"赢"为核心的"一主多优"的企业文化体系，并以管理提升为落脚点，注重文化与管理的刚柔并济、相融共进，切实让文化在企业落地生根，促进了企业的和谐发展、科学发展。

（一）建设"安全为本，生命至上"的安全文化

"亡"——代表着安全文化。"亡"即没有，其意为无，无是有的前提，从无到有是人生永恒的追求。安全是企业发展的基石，实现安全是企业永恒的追求。

通辽发电总厂认真贯彻落实国家电投"任何风险都可以控制，任何违章都可以预防，任何事故都可以避免"的安全理念，在安全管理上着重突出"情、理、法"的安全文化教育。在开展好安全事件回顾、做实安全技术培训、组织安全生产竞赛等常规工作的基础上，通过建设安全文化长廊、传递温馨祝福、深情嘱托等多种形式，让员工在内心深处感受到对自己、对家人、对企业所承担的安全责

任。把这种动之以情、晓之以理的柔性教育与严之以法的刚性要求相结合，通过 ERP 生产过程控制系统、标准化作业等方法强化执行，打好了安全管理"情、理、法"的组合拳。让干部员工始终做到想安全、能安全、会安全，实现了企业安全生产的长治久安。

（二）建设"没有借口，执行到位"的行为文化

"口"——代表着行为文化。"口"本意为嘴，实是展示协调、沟通、交流等行为的基础。行为文化是指企业家、企业模范人物、企业全体员工的个人行为延伸出来的文化与渊源。

通辽发电总厂从规范职工的日常行为入手，将企业在长期经营活动中形成的企业理想、信念、价值观、行为准则和道德规范进行汇集、整理，大力推行"8S"行为管理理念，即整理、清洁、准时、标准化、安全、素养、节约、学习。通过开展以"问学、问责、问绩"和"我有什么？我会什么？我凭什么？"为主要内容的"三问"工作法，深入落实《通辽发电总厂职工行为规范》，全面实施行为规范养成训练，并把创建"安全型、管理型、创新型、学习型、效益型"五型班组作为实践和检验的标准，积极推动了职工作业行为标准化、职业行为规范化、日常行为文明化。

（三）建设"敬廉崇洁，诚信守法"的廉洁文化

"月"字——代表着廉洁文化。"月"来自自然，自古就代表着清白，寓意光明磊落、洁白无瑕。廉洁文化是廉洁的理论和行为方式及其相互关系的总和，具有丰富内涵，即公正不贪，清白无污。

通辽发电总厂深入宣贯"清白做人，干净做事"的廉洁理念，以构建惩防体系为主线，以廉洁从业风险防范管理为载体，以加强作风建设为保证，不断提高反腐倡廉工作水平。网站设立"廉政视频""案件剖析""知识园地"等廉洁专栏，开通"网络廉政阵地"；手机发送廉洁短信、廉洁寄语、廉洁理念，开设"空中廉政课堂"；广泛征集书法、绘画、征文等廉洁作品，建立"廉政教育基地"；围绕安全生产、经营管理、后勤管理等中心工作，选题立项开展效能监察；围绕"三重一大""小金库""账外账"等专项

工作，实施专项治理，使党风廉政建设与企业的生产经营、企业文化建设工作有机结合，全厂上下形成了思想上敬廉崇洁、行为上诚信守法、岗位上严守职业道德的良好风气，营造了廉荣腐耻的文化氛围。

（四）建设"对标一流，同业领先"的管理文化

"贝"——代表着管理文化。"贝"古代指货币，居中喻为财富，是企业经营的目标，是企业管理的本质。管理文化是企业在实现盈利过程中采取的决策、组织、激励及领导等管理行为的理论汇总。

一是建立"学习＋激励"式的管理模式。持续开展"提高学习力、增强执行力、激发创造力"的"三力"读书活动，组织管理人员学习《执行胜过一切》《没有任何借口》等书籍，以微博形式征集体会，强化学习，提升了能力，凝聚了力量。通过开展一岗多能、一岗多责的全能值班员、全能检修工培训工作，200MW 机组率先在同类型机组中实现集控值班。通过开展"精一门、会两门、学三门"的培训教育活动，打造了一支"有良好的行为习惯，有健康的心理品质，有高水平的管理能力和劳动技能"的"三有"职工队伍。

二是建立"对标＋绩效"式的管理模式。以对标管理和绩效评价为主要载体，建立深化指标管理平台，将涵盖生产、经营、党群的 118 项指标纳入指标管理在线只读系统，设定目标值，制定保证措施，明确时间节点，落实专责人，完善责任、保证、监督等强化执行的工作机制，将行为规范固化于规章制度、工作流程中，突出刚性管理。自主开发管理人员业绩考核在线评价系统，从执行力、服务力、自制力、协调力等四个方面，组织全厂管理人员、部分员工代表每月对职能部门背靠背量化打分。将工作业绩、工作能力、工作态度与个人薪酬挂钩，将习惯养成根植于评价考核中，凸显自我约束。通过将文化理念渗透到企业生产经营各环节，严细考核，与管理相融共进，使"软"文化变成"硬"管理，企业经营绩效不

断提升，连续多年超额完成国家电投内蒙古公司下达的利润目标，实现了企业文化由虚到实的成果转化。

（五）建设"人企同心，内外合力"的和谐文化

"凡"——代表着和谐文化。"凡"指平凡人、平常心，平凡与平常是和谐思想的基本元素。和谐文化是以和谐思想为核心的行为规范、道德观念的总和。

通辽发电总厂落实内蒙古能源公司"让企业有归属感，让员工有成就感"的班组建设理念，将班组建设作为企业文化建设的落脚点之一，积极开发班组建设信息化管理系统，在班组之间搭建了一个互相学习的平台，使班组的经验和知识得到有效积累，增强了班组的文化底蕴，提高了企业的管理效能。同时，在"五型"班组创建中，通过"现场作业工完料净场清""室内物品定置摆放"等"小事、实事、具体事"，使规范化行为养成融入企业管理的全过程。针对基础设施薄弱的实际，立足现有人力物力，积极修建员工运动场、篮球场、网球场、排球场、文化广场、游泳馆，修缮员工的休息室、培训室，卫生间、洗漱间，并设立小药箱，改善了员工的工作、生活条件，使广大员工切身感受到企业文化建设带来的"家"一样的感觉。深入宣贯"人和、心和、力和"的和谐理念，坚持以人为本，组织员工运动会、举办企业文化艺术节、文艺晚会、健身长跑等活动，为职工搭建了文化服务平台；以"面对面、心贴心、实打实"的服务活动，"夏送清凉、金秋助学、冬送温暖、扶贫帮困"的温暖活动，为职工搭建了生活关爱平台；通过职工代表大会、厂长联络员座谈会、企业微博等方式深入开展党务、厂务、班务公开，为职工搭建了民主互动平台，在企业内部打造了"风正、心齐、气顺、劲足"的工作环境。以"警企共建，打造平安企业""检企共建，打造阳光企业""街企共建，打造和谐企业""映山红"爱心助学等活动为载体，在企业外部营造了和谐稳定的合作环境，实现了人与人、人与企业、企业与社会之间的和谐相处。在温馨、和谐的气氛中激发了员工保安全、创效益、促发展的工作积极性、主动性和创造性，

促进了企业文化落地生根。

三、以"赢"为目标，在共建企业文化中共享文化成果

企业文化建设重在实践，贵有成效。通过将企业文化建设与企业的安全生产、经营管理、队伍建设、和谐发展等工作的紧密结合，相辅相成，相互促进，使"赢"内化为企业和员工共同的价值取向，"我靠企业生存，企业靠我发展""我因企业自豪，企业因我骄傲""我为企业尽职，企业为我尽责"的双赢价值理念外化为企业和员工共同的行为准则，全厂上下"同荣共辱，同心同行"，心往一处想，劲往一处使，不断推进了企业"同业领先"战略目标的进程，实现了企业文化由精神到物质的飞跃。

（一）文化聚力，企业发展全面推进

通辽发电总厂以"赢"为核心的"一主多优"的企业文化体系，针对企业发展提出了"对标一流，同业领先"的战略定位，指明了企业的发展方向和道路，成了企业和职工不懈努力追求的目标。企业在这一目标的指引下，针对单纯发电的火电机组受风、水、核电影响，举步维艰的现状，提出了建设热电联产机组这一突破困局的又一胜招。厂经营者集团想千方、设百计，致力于机组供热改造。2011 年 4 台 200MW 机组全部成为热电联产机组，2012 年 1 台 600MW 机组也将完成供热机组改造。企业完成了由单一发电的生产模式向热电联产的经营模式转变，为企业可持续发展拓展了空间，避免了机组关停、人员分流的窘境，企业呈现出较强的生机和活力。

（二）文化育人，队伍建设全面加强

多年来，通辽发电总厂坚持"以奋斗者为本"的人才理念，培养和造就了一支技艺高超、素质全面、作风过硬、团结协作的职工队伍。当年，通电人以"拼搏决战八五年，拿下两台二十万"的豪情，用双手将一个现代化的发电企业擎起。如今，通电人坚持"对标一流，同业领先"的企业追求，使生产于 70 年代、先天不足的设备始终处于良好的运行状态，各项指标始终居于国内同类型机组领

先水平。正是这支在学习中进步、在进步中成熟、在成熟中发展的职工队伍，为企业的改革与可持续发展提供了人才保证和人力支撑。同时，也为电力系统输送了大批优秀的生产、建设和管理人才。据不完全统计，至投产以来，有百余名同志先后走上处级及以上领导岗位，近20名同志担任厅局级及以上重要领导职务，为我国电力事业的发展作出了贡献。

（三）文化凝心，企业成果全员共享

为了更好地提升企业文化内涵，电厂领导审时度势，提出了"同业领先"的发展战略。按照既定的目标，以突出经济效益为中心，创新管理思路，努力开源节流，单机供电煤耗成为国家电投集团公司标杆值，发电单位修理费、材料费等主要经济技术指标已达到国家电投集团公司先进标准值，4号、5号机组荣获国家电投集团公司同类型机组节能降耗第一、三名的好成绩，总厂荣获国家电投集团公司科技先进单位。企业竞争能力和盈利能力进一步提高，在企业获得经济效益的同时，职工收入得到了稳步增长，职工的衣、食、住、行、用也发生了翻天覆地的变化。小区建设和物业管理不断发展完善，综合服务设施日渐齐全，昔日低矮的平房已被高层楼群取代，昔日的自行车棚已升级改造成自驾车停车场，昔日的荒草地在通辽电厂人辛勤的耕耘中，变成了花团锦簇、碧草如茵的现代化文明小区。

（四）文化塑形，社会责任全面彰显

在企业科学发展、和谐发展的同时，通辽发电总厂承担起了"奉献绿色能源、服务社会公众"的社会责任，努力回报社会。从"十一五"开始先后投入近10亿元实施脱硫、脱硝、电袋除尘、烟囱防腐、超低排放等环保改造，确保污染物达标排放，促进了生态文明与环境保护，实现了绿色发展。累计投入500余万元资金，为科左后旗吉日嘎朗镇打井、上电、建草库伦；组织职工捐赠善款140余万元，用于救助地震灾区和"博爱一日捐"；持续开展"映山红"助学活动，共资助丰田镇中心小学贫困学生37名，极大地提升了企业美誉度。累计上缴国家税收 25 亿多元，为地方经济的繁荣、发展作出了突出贡献。

通辽发电总厂的文化管理，从企业的历史中走来，迎着时代的步伐，在继承与创新中不断发展，其企业文化体系在理念渗透、文化运行、成果共享等方面得到了广大职工的认可。赢在安全、赢在行为、赢在廉洁、赢在管理、赢在和谐，携手同行，共赢发展与未来的"一主多优"的文化体系，渗透在通电人每天的工作、学习和生活之中，鲜活而生动，历久而弥新，形成了通辽发电总厂企业文化特有的"赢"品牌，唱响了企业改革与发展的和谐乐章，也必将引领企业科学健康发展，最终实现企业"同业领先"的战略目标，让这颗璀璨的草原明珠——通辽发电总厂更加熠熠生辉！

中国国电龙源电力集团股份有限公司

强化文化引领　推动文化落地
全面建设国际一流新能源企业

龙源电力（简称公司）成立于 1993 年 1 月，是国内最早从事新能源开发的电力企业之一。公司致力于发展风电、太阳能、生物质能、潮汐能、地热能发电等，着力打造效益型、管理型、创新型企业，加快建设国际一流新能源上市公司。近年来，公司坚持以中国特色社会主义理论体系为指导，以建设社会主义核心价值体系为根本，以提高干部职工文化素质和单位文明程度为目标，不断满足干部职工日益增长的精神文化需求，积极开展企业文化建设，推行文化管理，在企业改革发展和构建社会主义和谐社会中成绩显著，企业软实力不断提升。

一、企业文化建设体系

（一）企业文化理念

公司秉持国电集团"家园文化"理念，坚持深入宣贯文化理念、完善健全文化制度、持续深化文化实践、丰富开展文化活动，始终坚持以人为本，坚持用现实的业绩和发展的远景鼓舞人，用正确的理念团结人，用对员工的关怀爱护人，用合理的分配制度激励人，形成了和谐向上的内部环境，为吸引各类优秀人才提供了广阔的舞台，为公司的快速发展提供了坚强保障。

文化是魂，是精气神，是一个企业卓然超群的特质。企业发展的根本动力来源于全体员工的积极性、主动性和创造性，龙源电力突出领先文化理念，寻求企业与员工共同发展，使公司的核心文化和奋斗目标根植企业、服务管理、融入员工。

（二）明确实施路径，强化责任落实

1. 健全组织，加强领导

公司高度重视企业文化的建设工作，建立工作机制，成立了由党委书记分管的企业文化部，配齐配强工作人员。按照齐抓共管、分工负责的原则，将企业文化工作分解到公司的各个层面，融入生产生活的各个领域，企业文化建设与生产经营同规划、同部署、同实施、同检查、同考核，相关负责人积极做好企业文化建设的引领者和推进者，精心组织实施，开展文化建设，抓好体系保障。

2. 强化培训，深入宣贯

公司把企业文化培训作为思想政治教育的重要内容，通过组织开展"四个全面"战略布局、五大发展理念、社会主义核心价值观、"中国梦"等学习宣传教育活动，促使职工思想政治素质不断提高。同时，继续深化创先争优活动，通过中心组学习、专家辅导、上党课、座谈研讨等多种形式，学习党的十八届历次全会精神和习近平总书记系列讲话精神，强化理论武装、统一思想认识，"家园文化"理念深入人心，职工精神风貌、工作作风进一步转变，服务意识进一步增强。

3. 完善制度，落实责任

制度是保证企业正常运行的重要基础，同时也是建设健康向上企业文化的重要内容，因此，在企业发展过程中，完善制度体系建设，是推动企业文化建设的基础性工作。公司先后制定了《党建思想政治工作条例》《工会工作条例》《团委工作条例》《企业文化建设管理办法》等系列规章制度，明确了责任分工，指导和规范党政工团思想政治工作和企业文化建设。每年编制《公司党建及企业文化建设工作要点》，把企业文化建设纳入公司发展战略及党建工作考核体系，形成党政领导共同负责、职能部门相互协调、党政工团齐抓共管、职工群众广泛参与的工作格局和运行机制，建立和完善了包括龙源信息、网站、画册、标识和各类群体活动等在内的企业文化传播体系。定期开展文化审视，加强制度文化建设，确保制度体系符合企业文化理念要求,编制《龙源电力企业文化及品牌建设方案》,

立足企业实际，大力开展安全文化、创新文化、廉洁文化、法治文化等专项子文化建设，协同推进，使文化管理有效融入企业管理全过程。

4. 创新方法，全员参与

2016年5月"龙源电力党建"微信企业号经过认证正式上线，平台包括党建资讯、展示空间、学习园地、心灵驿站四个栏目，现已累计发布各类自行制作的党建、道德、诚信、文明等各类信息600余条，同时搭建QQ群、微信群等新媒体平台，为大家学习交流提供了展示空间。借助大数据、"互联网＋"的理念和技术手段，积极开展公司党建信息化建设的探索和创新，聚焦过程管理、实时监测、问题导向，现已完成党建管理信息系统的开发及应用工作，为公司企业文化建设搭建了信息化网络平台,中国共产党新闻网、《紫光阁》等媒体对该系统应用情况进行了宣传报道。

二、深化文化实践，服务中心工作

（一）大力培育践行社会主义核心价值观

公司以社会主义核心价值观为统领，深入推进企业文化建设。公司党委要求各级党组织把社会主义核心价值观作为党委中心组学习、党支部"三会一课"和党员政治学习、入党积极分子培养的重要内容，运用讲座、研讨、座谈等多种形式开展深入生动的宣传教育。将培育"家园文化"作为弘扬社会主义核心价值理念的重要载体，通过对文明礼仪、优秀传统文化等内容的系列宣讲，弘扬助人为乐、见义勇为、诚实守信、敬业奉献的良好品质，构建良好氛围。选树典型，注重模范示范引领作用，组织职工学习公司"全国劳动模范""最美央企人"荣誉称号获得者张晞同志以及多名国电楷模的先进事迹，发挥榜样的力量。举办"讲案例、明法规、划底线""社会主义核心价值观""文明家风家训"等征文活动，编印了优秀文化作品集。积极动员职工参加志愿者服务活动，以"志愿者在行动"为纲领，先后组织职工开展传播新能源知识、义务献血、植树造林等志愿服务活动，为公益事业贡献力量。

（二）宣传法治文化，构建安全发展环境

公司积极开展法治文化宣传教育工作，做好企业安全、健康发展，因此获得国电集团"六五"普法先进单位。公司研究制定《法治宣传教育的第七个五年规划（2016～2020年）》，进一步强化职工法治意识，提高公司法治工作水平。同时，公司党委开展了"做安全卫士、做治企表率"主题实践活动，充分发挥基层党组织战斗堡垒作用、全体党员先锋模范作用，要求党员牢固树立法治意识、规矩意识、责任意识，切实增强执行各项规章制度的自觉性、示范性，带头在生产、工程、交通、消防等领域排隐患、促安全，推进各级安全责任有效落实，确保安全工作可控在控，促使各级党组织团结广大党员、群众，凝心聚力，积极参与到公司企业文化建设工作中去，共同促进企业发展。

同时，大力宣传和认真贯彻《劳动合同法》等法律法规，帮助指导职工全面理解《劳动合同法》内涵，正确运用法律保障劳动者权益，帮助和指导职工签订、续订集团合同，推进集体合同制度建设，维护职工合法权益，构建和谐的劳动关系。截至目前，公司未出现一例劳动争议或诉求事件。

（三）建设廉洁文化，营造风清气正环境

公司持续深化廉洁文化建设，公司党委严格落实党风廉政建设责任制，认真执行"三重一大"制度，贯彻中央"八项规定"，切实加强"形式主义、官僚主义、享乐主义、奢靡之风"治理。结合公司实际，编制了八项费用使用、财务报销等规定并狠抓贯彻落实。牢固树立"干净做事，清白做人"的廉洁理念，组织观看反腐倡廉警示教育片，开展廉洁自律征文、廉政格言警句征集、名言警句书法漫画作品征集等系列活动，增强党员干部自律意识和底线意识，不断筑牢拒腐防变思想防线。积极开展共建工作，公司本部及在京单位先后与北京市西城区检察院、西城区新街口街道团工委、北京市社区青年公益组织等单位进行共建，利用本单位作为新能源企业优势为共建单位提供知识科普、捐书助学等工作，利用共建单位优势提升公司职工廉洁从业意识、精神文化生活，从而促进公司管理水平的提高。公司至今未发生一起党风廉政案件。

（四）宣贯人才文化，践行群众路线

公司秉持"人人能成才，个个有舞台"的人才文化，高度重视职工发展，多次强调要切实关心员工，为职工提供多元化、全方位的服务。深入实施惠民工程，广泛开展"夏季送清凉，冬季送温暖，平时送关爱"活动，做好困难职工的帮扶和慰问，并建立职工互助基金制度，多渠道筹措资金，加大帮扶力度，营造真诚关爱、相扶相助的和谐氛围，累计发放互助基金140余万元，让更多的困难职工感受到公司大家庭的温暖。为促进企业和谐建设，落实"家园·舞台·梦"企业愿景，公司每年都组织职工进行身体检查，投入大量资金改善偏远地区职工的饮水、食堂、健康体检、活动室等生活环境问题，提高了员工的生活质量，促进职工幸福指数的提升。坚持开展富有公司特色的"绿色关爱行动"，从企业关爱职工、职工关爱企业、职工与企业共同关爱社会三个层面，传递温情，共建和谐。

（五）落实责任文化，提升企业形象

公司坚持"企业发展与反哺社会同步"的方针，履行应尽义务，担当企业公民责任，服务地方经济，强化环境保护，始终以发展风力发电为业务核心，大力发展可再生能源，秉持"开发风电、节约资源、保护环境、造福子孙"的经营理念，肩负"建设资源节约型、环境友好型社会；开发绿色能源，打造风电品牌"的企业使命，力求为社会和谐发展贡献更多力量。此外，公司积极参与社会公益事业，履行企业公民责任，主动参与地方经济建设、社会建设、文化建设，努力实现企业与社会的和谐发展，开展赈灾救危、助学助残、扶贫济困、志愿服务等工作，多渠道回报社会。

（六）强化品牌建设，提升创新能力

公司坚持绿色发展，强化龙源电力品牌建设。立足风电产业发展，紧紧围绕中心工作，坚持举办风电运检技能竞赛，推动年度目标任务完成，促进了技能人才的涌现和企业的经营发展。深入开展"6·30"劳动竞赛和"大干四季度，五比五保""奋战三百天、全力保目标""五讲五提升、全力冲目标"等劳动竞赛，激发了全体干部职工的工作热情，营造了你追我赶、比学赶超、真抓实干、奋发有为的工作氛围。充分利用公司多年来打造的风电运检竞赛平台优势，连续举办公司风电运检技能竞赛，并积极组织参加国电集团、全国风电运检竞赛，涌现出省部级以上技术能手83名，公司王建国同志荣获全国五一劳动奖章。这些竞赛充分彰显了公司团队优势和良好的企业形象，促进了技能人才的脱颖而出和职工技能水平的进一步提升。

（七）开展文化活动，凝聚精神力量

坚持开展丰富多彩的群众性文化活动，有效满足职工日益增长的精神需要，凝聚积极向上的正能量，增强团队意识。近几年，公司广泛开展了征文、摄影、运动会、文艺演出、徒步走、趣味游戏、重大节日庆祝、乒乓球、羽毛球、篮球比赛等精彩纷呈的文体活动，成立了摄影协会、文体协会、瑜伽协会、篮球协会、羽毛球协会等社团组织，丰富了职工业余文化生活，展示了职工良好的精神风貌，使不同需求的职工爱好得到了满足，凝聚了争创一流的团队合作精神。

（八）创建职工书屋，提升文化素养

公司积极组织开展"创建学习型组织，争做知识型职工"和"多读书、增知识、强责任"主题读书及赠书促学活动，创建职工书屋，不断充实存书量，鼓励和引导广大职工养成多读书、多学习的习惯，营造良好的学习氛围。为推动素质工程常态化，利用内网，开通了职工电子书屋。书屋汇集了200种杂志、5万册图书，包含了政治历史、人物传记、专业技术、企业管理等内容，为广大职工加强业余学习创造了良好条件。职工电子书屋开通以来，浏览阅读量呈上升趋势，关注程度持续提高。随后又增加了手机APP移动终端服务，使广大职工在移动阅读中开阔视野、增长知识、感受快乐。

三、企业凝心聚力，文化成果显著

（一）公司信誉评级持续提升

公司坚持平等、尊重、诚信的原则，把诚信建设作为企业文化建设的中心环节来抓，提出了"以德治企，诚实守信"的道德信条。将诚信教育纳入公司道德讲堂中，强化道德宣传教育，着力于增强全体职工诚信意识。同时，充分利用板报宣传栏、公司文件、微信平台、党建管理信息系统等形式广泛宣传诚信建设规定及先进典型，不断深化诚信建设，努力构建相互支持、互惠互利、多方共赢的良好合作关系。经过多方交流和合作，公司与国内外设计、施工、监理等行业内的优秀企业建立了战略合作伙伴关系，实现了合作共赢。为此，公司先后获得中国电力企业联合会 AAA 级信用等级、国际知名信用评级机构穆迪公司 A3 级等证书。

（二）企地生态共建成果丰硕

生物多样性是人类赖以生存的条件，是生态安全的必要保障，是经济社会可持续发展的基础。公司始终贯彻落实环境保护相关法律法规的有关要求，充分重视和考虑项目对周围环境的潜在影响。公司近 3 年来累计增加 551.31 万千瓦风电机组装机容量，在这些新的风电场开发建设之前，均组织专业机构进行前期调研；施工中，注重保护区内生物多样性的完整和保护，强化生态功能区建设；开发后，巩固和发展退田还林成果，尤其是海上风电开发，更是注重与当地政府海洋局合作，对候鸟生活环境予以保护。因公司积极参与多项保护生物多样性的项目和活动，赢得经营所在地政府和人民的尊重。

（三）职工业务能力不断增强

"员工是企业最重要的资产"，员工的成长成才，直接关系着企业的兴衰成败。公司致力于职工队伍建设，从关注员工生产生活的惠民工程到重视职工综合素质的培训教育，从彰显团队风采的文体宣教活动到提升职工技能水平的劳动技能竞赛，从丰富员工思想政治文化教育的书屋建设到建立专门的文体活动场所……公司通过各种途径搭建展示员工风采、实现员工自身价值的平台，着力提高员工的忠诚度和归属感，职工自身业务能力逐渐提升，同时也增强了企业的凝聚力和创造力，推进了企业的全面协调可持续发展，提高了企业的整体实力。

（四）社会责任管理日益完善

公司 2014 年成立社会责任研究工作组，制定模范的社会责任指标体系，提出了龙源电力 2015～2020 年社会责任工作实施路线。每年全面整理公司有关社会责任方面的相关文字、图像资料，深入挖掘工作特色亮点，结合实际，从社会责任理念及管理体系出发，优化报告框架结构，清晰展示公司社会责任管理和实践。现已连续 4 年发布社会责任报告，面向社会积极宣传和展示企业战略、发展成果和文化理念，维护龙源电力品牌形象，在 2016 年首获中国企业管理研究会"最佳社会责任报告"奖。

下一步，龙源电力将持续推进企业文化建设，打造企业核心竞争力，建设高素质的员工队伍，不断建立健全企业文化体系，努力创新经营思想、管理模式、激励机制、服务体系，全面实现公司向科学管理、文化管理的转变，促进公司持续稳定健康发展和企业全面进步。

打造"安心文化"品牌
指引输电人前进方向

一、安心文化由来及内涵

安全生产是电网企业的生命线。深圳电网负荷密度全国第一，经济和金融中心的定位对深圳电网的供电可靠性提出了更高要求。输网是深圳电网的大动脉，其安全稳定运行显得尤为重要，但同时也面临着线路结构多样、运维点多面广、城市高速发展和市政建设遍地开花的情况，运行环境极为复杂。因此，只有从源头上做好安全管控，才能避免线路故障电流对变电设备带来的冲击，让变电人员安心；才能避免配网线路无电可用的窘境，让配电人员安心；才能避免大面积停电的风险，让广大客户安心。

正是心怀"人人用心、大家安心"的朴素愿望，深圳供电局输电管理所秉承南方电网公司"一切事故都可以预防"的安全理念，不断将工作重心前移，注重事前预控，逐步积淀成为输电管理所的安心文化，营造责任到位、注重预防的工作氛围，从而使"一切事故都可以预防"的安全理念真正得以落地，让领导安心、同事安心、客户安心、自己安心、家人安心，把输电管理所打造成本质安全的基层单位。

安心文化内涵：
- 文化愿景：让"安心"成为一种追求。
- 一个核心：以人为本。
- 两个基础：自主的风险防范意识；良好的风险预控能力。
- 三个支撑：建设一支"我要安全"的员工队伍；
  　　　　　打造一张"安全可靠"的输电网络；
  　　　　　建立一套"高效实用"的管控机制。
- 四个方法：有形化、榜样化、规范化、全员化。

二、安心文化实践及落地

（一）安心文化的核心思想
安心文化的核心思想是坚持以人为本。通过人的风险防范意识和风险预控能力，保障人的安全和整个输网的安全，带来同事、客户、家人的安心。

（二）安心文化的两个基础

安心文化的核心是人，安心文化的养成，首先要具有自主的风险防范意识，并在这种意识的引导下规范自身的行为。另一方面要具有较好的风险预控能力，从管理上、技术上提高对风险的控制程度。为安心文化的培育和根植提供坚实的基础。

（三）安心文化的三个支撑

输电管理所通过员工、设备、机制三个方面的支撑，将文化建设与日常工作紧密结合起来，既维护了安全局面稳定，又构筑了安全文化高地。

1. 建设一支"我要安全"的员工队伍

安心文化的核心在人，通过提高安全意识和技术技能、加强作风建设、共建安全同盟，让安心文化内化于心，外化于行。

（1）提高安全意识，提升技术技能

强化安全教育学习。输电管理所在持续开展一把手带头，逐级宣贯安全风险体系理念的基础上，组织开展例会交流、安全事故学习分享、站班会等，使"我要安全"的意识深入人心。

提炼班组安全目标。通过班员自发讨论，提炼员工内心追求和自觉行动的安全愿景或目标，如电缆一班提出：一人把关一人安，众人把关稳如山；线路五班提出：在岗一分钟，安全六十秒。安全愿景进一步明确班组安全目标，促进安心文化在班组落地。

建立安全资本银行。输电管理所将安全风险体系知识点、安全作业规范要点等汇总梳理，形成安全生产知识经验库，储存智慧，共享经验。如经验库的巡线"三宝"——"腿脚勤快点、嘴巴啰嗦点，眼睛明亮点""三宝"是输电管理所电缆部员工在日常巡线工作中提炼总结而来，更贴合实际，更入心入脑，沿用至今。

提升员工安全技能。搭建技术技能交流平台，以"智慧输网工作室"为依托，推进"二带一"师徒模式、员工技术技能培训、"安康杯"劳动竞赛，以赛促学，以赛促提升；开办输电技术论坛，开展论文征集，提升员工技术分析研究能力。全方位提升员工安全技能，形成了一支"我会安全"的员工队伍。

（2）加强作风建设，强化责任担当

干部带头深入一线。持续开展领导干部"三挂点三关注"活动，活动以"贴生产，转作风，见实效"为主题，干部工作重心下移，每一位副主管以上领导干部挂点一个生产班组、挂点一个QC课题研究、挂点一个重要安全隐患；关注员工、关注班组、关注现场，提升党员干部生产履职到位率。

强化全员责任担当。输电管理所努力建设一支"特别能吃苦，特别能战斗，特别能奉献"的员工队伍，实行半军事化管理，强化刚性执行和责任担当。2011年深圳大运会保供电期间，全体员工坚守工作岗位，驻守工作现场，演绎保供电不一样的精彩。2014年，"5·11"特大暴雨导致高压铁塔附近边坡塌方，全所"一盘棋"，不分昼夜，风雨兼程，开展边坡塌方专项整治工作，确保险情隐患全部可控在控。

（3）共建安全同盟，共享安心文化

设立输电安全"文化节"。开展"安全连心卡"家属为员工安全祝福等活动，营造了"家所连心、共享安全、共筑幸福"的安全文化氛围。开展"安全文化进家庭，家庭亲情进工场"活动，邀请家属观摩参观福田电缆隧道、架空线路，增进了家属和员工之间的沟通和理解，强化了员工的安全意识和风险理念，活动被评为公司安全文化活动典型案例。

开展"爸爸去哪儿"亲子秀。2014年，输电管理所以安全"家"文化为主题，先后开展了"爸爸去哪儿之保供电""爸爸去哪儿之跟着爸爸去巡线""爸爸去哪儿之亲子安全分享"等系列活动，在公司内引起强烈反响，获一致好评。员工深刻认识到安全不仅关系到个人、公司，更关系到家庭，从而使员工工作更用心、更负责，安心文化更加自发自觉。

2. 打造一张"安全可靠"的输电网络

安心文化的直接体现是设备安全，输电管理所按照"计划周全、管控到位、风险可控"的工作思路，加强设备安全管控，实现设备安全、人员安心。

（1）计划周全

推行网格化管理。结合深圳地理情况和输电线路分布情况，将架空线路分为六大网格、电缆线路分为三大网格，将网格进一步细化，将448回3474公里的架空线路分为六大区147个小网格，290回716公里的电缆线路分为两大区20个小网格，不同班组负责不同区域，同时领导挂点网格，确保了网格到人、责任到人，提高运维效率和巡视质量。

实行差异化运维。输电管理所抓重点、保核心，针对关键设备重点运维制定专项计划；按照二八管理原则，根据设备重要程度和设备健康状况，将设备分为不同级别分级管控，并根据电网风险变化和设备状态变化适时调整。如通过开展绝缘子选型以及清扫策略研究提出的输电设备防污策略，打破了传统"逢停必扫"防污工作模式，开创了"状态清扫"＋"带电应急水冲洗"的新模式，创造了连续7年零污闪跳闸的记录，一年可节省近千万元资金。

（2）管控到位

集成多维监控系统。输电管理所推行可视化管理，建立输电全维度监控室，通过信息化手段，把班组工作微信群、PDA（移动终端）、视频监控等进行系统集成和应用，构建线路运维的"全景地图"，不仅每个班组、每位员工的工作和完成情况一目了然，还为各种隐患的发现和及时处理增添了"砝码"。目前，输电所对全市涉及45回输电线路的34个隐患点安装了在线监测系统，对保护区内的重大违章施工点和违章建筑实行24小时在线监测。

创新开发"智慧输网"。针对输电作业范围分散、线路巡视路径复杂、野外工作危险性高等输电设备运维的一系列管理难题，创新研究和开发了智慧输网管理系统。该系统是基于移动智能终端的输电巡检现场监管系统，实现了巡视路径的记录、优化和查询统计，对现场人员的实时监控和智能调度，一键求助、摇一摇告警、摔落告警、按键报警等功能。目前，智慧输网管理系统正在申请软件著作权和专利。

（3）风险可控

开展输电设备风险评估。输电管理所对 280 基同塔多回线路杆塔和 228 回同沟多回电缆线路开展状态评估，并对评估结果进行跟踪处理。加强梳理防范，管控交叉跨越线路，输电管理所共排查梳理出 913 处架空线路跨越铁路、公路、人口密集区，46 处电缆线路与燃气管道交叉跨越，摸清了设备运行状况，根据对交叉跨越线路摸排情况，制定针对性整改措施。

建立隐患管控联动机制。输电管理所建立安全隐患库，通过每月评选最佳巡线员，鼓励员工发现缺陷。与各区局、安委会、街道办、查违办等部门建立安全隐患处理联动机制，利用属地化优势，综合整治安全隐患，群防群治，使输网安全隐患可控在控。

开展大数据分析与应用。输电管理所"数里淘金"，探索开展大数据的研究和分析，通过对输电历年来雷击跳闸、外力破坏、电缆头故障等历史数据的可视化和关联性分析，为针对性地运维策略打牢基础。如，根据数据统计与分析结果，输电管理所制作了"雷电分区图"，在原来安装避雷器和接地改造的基础上引进引雷塔，选择线路密度大、雷击出现多的地方布点，把雷击化于无形。

3. 建立一套"高效实用"的管控机制

安心文化的关键在管控机制。输电管理所通过"两体系一闭环"建立长效机制，让安心成为一种自觉行为和追求。

（1）深化应用安风管理体系

编制业务指引手册。按照"写我所做"和"简单、实用、可操作"的原则，承接上级管理制度标准，编制完善《输电管理所管理岗位业务指引手册》，实现新上岗人员有指引、管理工作可计划、工作经验有传递，不仅提升了安全管理水平，更形成了一套解决问题的思路和方法。

推进安风体系落地。输电管理所组织梳理了涉及输电业务各个要素与安全生产日常工作之间的对应关系，涉及输电管理所总计259项；安生与资产部135项、综合与人力资源部68项、线路部101项，电缆部102项、带电部67项。通过细化、分解形成了《输电管理所安全生产风险管理体系落地应用指引分解任务表》，层层分解，责任到人。做到安全生产风险管理体系与日常工作的有机结合，实现风险体系的落地应用。

推进人员行为干预。通过班组员工共同讨论，分析出存在的行为风险，制定大家都认同且可操作的控制措施，并承诺自愿执行正确的行为，逐渐摒弃不良工作习惯，消除员工风险行为，助推班组安全文化建设。以开车打电话为例，通过分析开车打电话是对随车人员生命安全的不负责，于是制定了司机承诺，同车人员监督制止措施，通过持续改进，目前输电管理所专兼职司机养成了开车不打电话或用蓝牙接听电话的习惯。

（2）建立全员绩效管理体系

建立绩效积分库。输电管理所在线路部、电缆部、带电部收集了11类工作类别、28项工作项目、204点工作内容作为一线班组员工工作积分库，员工根据每日不同工作安排获得相应工作积分，通过工作积分真实反映日常工作量，确定绩效考核等级。以带电专业为例，实行"一事一积分、一月一考核、量化表现"以来，完全打破了大锅饭的观念，员工在户外愿意登塔干活，而且还抢着干。绩效积分制的实行，实现了日常工作量化考核，极大提高了员工的积极性。

绩效评价全维度。输电管理所结合公司绩效考核规定，制定考核奖惩补充办法，明确奖惩条件，指标分解到科室、班组、个人，依据指标数据和工作质量落实工作奖惩。输电管理所分别从员工的主要业绩指标、重要工作任务、专业知识、技能等12个方面对员工进行考量；通过个人自评、同事互评、直接领导打分相结合的形式，开展360度绩效评分。应用绩效考核结果，定期评选输电之星，促进员工良好安全习惯的养成。

（3）推进持续改进闭环管理

畅通问题收集渠道。鼓励自我暴露违章违规行为，通过三不一鼓励、在安全考核中给予加分等，对内与责任班组、责任专责绩效挂钩，对外与承包商评价挂钩。通过体系任务观察、安全区代表检查、事件主动报告等安全生产问题收集机制查找管理上的不足，并将收集的安全生产问题流转到改进机制纠正与预防系统跟踪整改。截至目前，已开展任务观察1465次、安全区代表检查162次、事件主动报告98次。

建立问题解决平台。输电管理所积极开展QCC课题研究、开展输电专业技能竞赛、举办输电技术论坛、创建职工经济技术创新工作室、推广应用"金点子"和合理化建议等，搭建问题解决平台，推进持续改进。近年来解决各类技术和管理问题200多个，形成了通过主动暴露问题、解决问题来提升管理的良好意识。

评估问题改进实效。输电管理所从源头上分析、解决问题，并对解决问题的方式方法和实施效果进行再评估，推进问题持续改进。如为解决登塔作业过程中坠落风险，对杆塔逐步安装防坠落装置。但输电管理所通过效果评估发现：由于设备采购费用较高，难以大面积推广；防坠器自重较大，工作人员登塔比较费力等问题。为此输电管理所专门成立课题小组进行攻关，对防坠装置进行分析改进，以钢绞丝代替原来的钢轨；对防坠器加工工艺进行改进，有效降低了自重，为进一步推广应用创造了条件。

（四）安心文化根植四个方法

通过"有形化、榜样化、规范化、全员化"，将安心文化变得更加形象、具体，让员工看得见、感受到，实现文化的落地。

1. 有形化，建设安心文化传播系统

输电管理所通过安全文化理念上墙、安全文化宣传栏、安全文化长廊、安全文化展示厅、安全标签、安全违章随手拍等，让安心文化的理念在办公场所看得见，在工作现场感受得到，形成潜移默化效应。开展安心文化"四进"（进班子、进部门、进班组、进家庭）活动，将宣传教育的触角延伸到员工工作生活的各个方面。

2. 榜样化，树立安心文化践行典范

选树典型，建立安全先进人物库，并通过举办"榜样的力量——先进人物面对面""平凡　奉献"先进人物评选、"我和璀璨之星有个约会"活动、拍摄安全生产先进人物专题视频、班组安全文化微电影等倡导安心文化等，宣传先进典型正能量，用身边人、身边事感化教育员工，形成感染启发效应，促进知行合一。

3. 规范化，推进安全生产规范管理

树立安全标杆。以安全风险体系五钻建设作为努力的标杆，多次对标香港中华电力公司、上海电力公司等先进供电企业，对比中找差距，在对比中重实践，持续改进。

形成管理规范。通过明确领导岗位职责、员工岗位职责，安全生产一体化作业手册、管理手册等形成规范标准，固化推广。通过形成管理机制和管理规范，促进安心文化根植。

4. 全员化，突出员工队伍主体地位

人人用心，通过全员参与安全学习、全员参与安全隐患管控、全员参与输电线路运行维护、全员参与安全风险管理体系应用，确保安全生产责任到人。加强员工作风建设，使"安全是自己的责任"理念深入人心，促进知行合一，推进责任担当。

三、安心文化建设成效

（一）事前预防理念深入人心

输电管理所通过贯彻落实"一切事故都可以预防"的安全理念，在生产实践中推动安心文化落地，员工的安全理念发生了重大转变，从事后管理变成事前控制，事前预防理念更加深入人心，促进了源头上重视安全、抓好安全。

（二）安全管控力度显著增强

输电队伍凝聚力进一步增强，工作更加规范高效，通过重大安全隐患处理，安全管控力度显著增强。2015 年，配合政府历时 40 天的大规模集中整治，清除了南头二线关 44 处、影响约 180 万千瓦供电负荷的最大电力安全隐患顽疾。

（三）杜绝人身伤亡事件发生

安心文化以人为本，关注设备安全，更关注员工安全。输电管理所注重风险预控，注重员工良好安全行为习惯的养成，近 20 年来，从未发生人身伤亡事件。

（四）设备跳闸次数大幅下降

近年来，自然灾害频发，市政建设频密，厦深铁路和地铁二期工程全面开工，输网的外部运行环境更加严峻。输电管理所迎难而上，克服阻力，多措并举，确保了深圳输网整体运行平稳，近 3 年安全生产指标持续向好。

（五）体系建设获得专家认可

2017 年，深圳供电局有限公司在南方电网公司安全生产风险管理体系审核中获评"新五钻"，输电管理所"安心"文化的成果应用作为公司评审的重要环节获得专家高度认可。

深圳供电局输电管理所以安心文化为指导，员工安全意识进一步增强，安全作业更加高效规范，先后有线路二班荣获"全国青年安全生产示范岗"、3 人荣获南方电网公司劳动模范，7 项生产改进措施及技术获授国家专利，并创下了连续安全生产 6000 天的骄人成绩。荣誉鞭策前进，输电管理所将继续努力，把安心文化打造成每一个员工的内心追求和自觉行动，指引输电人前进的方向！

国家电网青海省电力公司

深化卓越文化实践
推动公司和谐发展

国网青海省电力公司（简称"国网青海电力"或公司）地处高原，供电面积 49.5 万平方公里，占青海省总面积的 68.8%，平均海拔 3000 米以上，经营区域中 95% 以上为藏区，地广人稀，用电水平低，电网投资运营成本高，普遍服务任务异常繁重，员工生理、心理常年面临艰苦条件考验。近年来，公司坚持以卓越文化为引领，继承"五个特别"的高原精神，发扬"缺氧不缺斗志、缺氧不缺智慧、艰苦不怕吃苦、海拔高斗志更高"的青藏联网精神，以"五个卓越文化工程"建设为主线，把"以人为本、忠诚企业、奉献社会"的企业理念融入公司改革发展稳定全过程，渗透到经营管理的方方面面，体现在各项日常工作之中，不断推动公司和谐发展，促进员工队伍身心健康水平提升，进一步提升企业文化影响力，使公司干部群众凝聚力和向心力进一步增强，广大员工更加自觉、主动、坚定贯彻落实公司党委决策部署。

一、实施"以文兴企"工程，确保公司改革发展平稳和谐

作为首批"三集五大"改革试点单位，青海公司致力探索企业文化"软实力"融入中心、融入管理、融入制度、融入行为的新途径，以卓越文化辅助企业体制和制度改革软着陆，和谐企业建设成效更加显著，管理制度体系更加完善。

（一）完善卓越文化体系建设

组织各部门、基层单位 223 名"三集五大"改革宣传志愿者，在公司全范围，走进机关、班组、站所、重点工程项目，以"三集五大是实现两个一流、两个转变的必要途径"为主题宣讲 117 次，讲解国网公司体制改革的必要性和重要性，改变了以往只有企业文化部门上下一条线的局面，明晰了员工对"三集五大"改革的认识，增强了队伍凝聚力，使"三集五大"改革成为全体员工的群体意识、自觉追求。

（二）以卓越文化实践强化制度执行效力

遵循国家电网公司通用制度，严格落实《国家电网公司企业文化实践管理办法》，制定统一的考核标准、考核方式和兑现考核的办法。在各类先进评选制度、干部管理制度中明确提出价值认同和模范践行核心价值观等内容，避免了考核条款分散、考核深度不足等问题，提高了考核的严肃性，做到制度的有效激励，将奖惩激励作为企业文化实践的重要内容。利用多种形式进行宣传、教育和陶冶，在执行力建设、行为规范落实方面形成了执行力提升、基本礼仪、内部"五为"服务等规范要求，在公司内部形成一种全员按制度办事的氛围和习惯。用卓越的企业文化引导员工遵章守纪，提升执行能力，引导员工执行规章制度不打折扣，说到做到，做必做好，保证了通用制度应用的全覆盖。

二、实施"以文聚心"工程，建设公司员工幸福家园

近年来，公司党委秉承国家电网"以人为本、忠诚企业、奉献社会"的企业文化理念，持续开展"幸福家园"建设，以"身体健康、精神愉悦、生活幸福"为主旨，致力于完善员工身体健康的保障体系，丰富员工精神愉悦的活动载体，夯实员工生活幸福的物质基础，实现公司与员工"双维双赢"。

（一）全面实施幸福家园物质环境建设

通过强化文化引领、营造健康氛围，牵引员工形成科学的自我健康理念和自觉的自我健康行为。近年来，组织完成职工体检3万多人次，保证每年员工体检率必须达到100%。协调省内外14家三甲医院提供诊疗绿色通道服务2304人次，邀请洪昭光、黄光明、马方等国内知名专家教授开展八期专家诊断、咨询活动，参加人数共计5624人次。深化"健康食堂"三级联创工作，巩固地市公司和县公司健康食堂创建成果，深化县公司标准化食堂建设，投资建设健康食堂142个，县公司标准化食堂创建率100%，具备条件的县供电公司及供电所净水器安装率达100%。

（二）全面实施幸福家园人本建设

逐步构建三个员工健康数据及评估指标体系，即基于 AMP 的

检测数据及评估指标体系；基于健康调查报告中基本健康状况和生活方式内容的健康素养评估指标体系；基于心理调查报告的心理调查问卷设定的心理健康评估指标体系。

（三）全面实施幸福家园精神建设

大力弘扬社会主义核心价值观，积极践行统一的优秀企业文化，致力于打造具有高原电网特质的"诚信、责任、创新、奉献"精神文化产品。广泛开展"我们的幸福观"大讨论、"送文化进基层"等活动，充分运用公司员工自创歌曲、微电影和企业公众号等方式和途径传播，丰富幸福家园有形载体，营造浓厚的幸福家园文化氛围。

三、实施"以文树人"工程，铸就公司精神高地

公司以卓越文化为内核，积极践行社会主义核心价值观和国家电网核心价值观，大力选树典型模范，不断扩大公司优秀员工代表在国网系统中的知名度和美誉度，充分展现公司全体员工团结凝聚、拼搏向上的高原精神，树立公司扎根雪域、无私奉献的良好形象。

（一）构建金字塔先进典型人物库

公司通过建立完善先进典型发现、宣传、培育、管理、传播、推介、提升机制，积极推动核心价值观人格化、形象化、具体化，自下而上、分层分类建立"金字塔"先进典型人物库。目前公司先进典型库已储备全国级先进人物 10 人，省部级先进人物 21 人，地市级先进人物 79 人，州县级先进典型 201 人。对列入"金字塔"培育计划的典型，从思想上、工作上、生活上关心，创造有利于先进典型持续成长的条件，帮助他们不断取得新业绩、焕发新活力，增强员工的集体荣誉感和归属感，确保先进精神薪火相传。

（二）健全重大先进典型的宣传体系

近年来，公司涌现出一批具有"立德立行、忠诚履职、勇于创新、甘于奉献"精神的"中国网事·感动 2014"桑吉卓玛，"最美国网人"张子跃、祁萍，"全国劳动模范"翁刚、杨记宁等 20 多名

先进典型。公司通过组织学习、巡回报告、媒体宣传、文艺创作等手段，扩大先进典型的影响力。开展"四个一百"巡讲 19 场次，参与观众 5122 人次，使企业精神和公司核心价值观在员工中得到有效传承。开展"三位一体"企业文化长廊建设活动，全年建成实体长廊 53 个，更新维护 101 个，内网文化长廊 9 个，微信文化长廊平台 15 个，形成成果（案例）7 个。组织基层班组开展"平凡人·闪光事"主题活动 59 次，发动全员用手机随手拍，拍摄平凡岗位上的闪光人物，挖掘爱岗敬业细节小事，发现无私奉献凡人善举，着力宣扬闪光的一事或一瞬。在坚持使用好传统媒体的基础上，充分利用现有的道德讲堂、劳模工作室、青年文化书屋等阵地建设实体"企业文化长廊"，创新应用好公司内网、微信平台等新媒体。展示社会主义核心价值观、国网卓越文化，依托实体长廊开展员工论坛、读书讨论、践行社会主义核心价值观等主题活动 21 次；以公司内网"企业文化长廊"为结合点，收集稿件 455 篇，发布"身边榜样力量"等人物宣传材料 74 篇，全面展示卓越文化的基本价值理念；以公司微信平台"企业文化长廊"为外延，发布先进人物事迹稿件 50 余篇，灵活展示先进典型、最美瞬间，并辐射到企业外部，为企业塑造形象。实体、网站、微信从不同的角度，覆盖不同的文化层面，形成"三位一体"的传播方式，推动传统媒体与新媒体一体化传播，构建多渠道、立体化的对内对外卓越文化传播格局。

四、实施"以文塑行"工程，提升员工行为自觉

公司通过广泛开展践行"诚信、责任、创新、奉献"核心价值观的示范、做实践"以人为本、忠诚企业、奉献社会"企业理念的示范、做落实行为规范的示范"三项示范"活动。从公司、领导班子、领导干部、员工四个层面，提出认真履行责任，讲诚信、讲责任、讲创新、讲奉献，认真落实执行"三个十条"，努力营造健康、和谐、有序的电力运营和发展环境等要求，为促进卓越文化落地明确了行动主线。

（一）充分发挥企业文化示范点和示范项目的引领示范作用

近年来，公司电网经营的城市、城镇、农村、牧区四个服务维度创建企业文化示范点和示范项目 167 个，以"契约式""顾问式"服务、"阳光快线"抢修示范项目为代表，推进大客户、城市客户用电保障，以"祁萍服务班"示范点为代表，推进城镇客户供电服务，以"秦万璋供电营业所"示范点为代表，推进农村客户供电服务，以"高原雄鹰河卡用电服务队"示范点为代表，推进牧区客户供电服务。同时"十分钟缴费圈""背包营业厅"、藏语座席服务已成为特色服务载体的主要内容。通过示范引领，青海公司在国家电网公司系统首家建设的电能表全自动检定流水线与智能化仓储系统通过实用化运行；将营销新型业务纳入主营业务管理，成立了电动汽车服务公司，建设大型充电站和交流充电桩等项目，有力拓展了青海公司服务领域，进一步改善了服务环境，提升了服务水平。充分展现了公司让客户满意、让政府放心，促进经济发展、社会和谐，认真履行社会责任的国家电网形象。

（二）充分发挥国网公司"三个十条"行为规范作用

通过卓越文化带动，开展《执行力提升手册》《基本礼仪规范手册》宣贯实践经验交流，营销部组织营业窗口服务人员技能培训和礼仪展示活动，各单位结合"道德讲堂"开展"两个手册"实践，职业礼仪培训等，各供电企业组织开展县（区）营业厅窗口基本礼仪展示，供电企业、三新农电公司结合县级供电公司与乡镇供电所管理提升，开展"三个十条"执行情况检查，开展企业文化"四进一讲送理念"和规范服务行为活动，保证了统一的行为规范宣传贯彻全覆盖。公司在"保姆式""契约式"服务基础上，推出建立省公司专家库，向大客户用电提供"专家策划""专业指导""专项培训"的特色服务；超前介入政府招商引资项目，超前介入大客户用电项目前期，为客户提供全面的技术服务指导，为客户加速用电项目建设进度，为公司售电市场的快速增长提供强有力的服务支撑。用电信息采集系统各项对标指标进入国家电网公司 A 方阵；实施"日联系、周跟踪、月协调"，制定"一厂一策"服务手册，为客户当好"用电顾问"；帮助铁合金、碳化硅等困难企业启动生产，恢复负荷28.8万千瓦，服务效率得到明显提升。创新线损管理模式，台区线损精细化管理取得明显成效，年节电521万千瓦时，故障修复处理平均时长较集约前缩短10.35分钟，效率提升35.95%；客户问题一次解决率100%，供电服务承诺兑现率100%等。卓越文化融入青海公司集体人格行为塑造和干部员工服务行为规范中，最终实现对党和国家工作大局、电力客户、发电企业、经济社会发展的优质高效服务。

五、实施"以文促学"工程，凸显文化自信力量

思想是行动的先导，文化是行为的标准。公司以各级党组织为主体，以员工文化自信为目标，加强员工企业文化、专业技术学习交流，发挥国网卓越文化的影响力和穿透力，在每位员工的日常工作中潜移默化，形成积极创新、创造、创业的良好氛围，形成上下同心、目标同向、责任同担、行动同步的共同体，凸显全体员工践行国网公司卓越文化力量。

（一）加强卓越文化氛围营造

公司各级党组织通过加强统一谋划、统一部署、统一管控，有效凝聚文化引领的合力。公司逐年编制《职工文化系列活动方案》，组建公司书画、摄影创作工作室21个，搭建读书创作平台2个，培养优秀创作人才557人，以繁荣职工文化创作为目标，通过员工征文、专门人员采写等形式，按照故事理念化、理念故事化的原则，寻找发现在公司员工中的"卓越文化故事"，展现公司员工小人物的大故事，小故事的大文化。征集职工摄影作品近千幅、书画作品160幅、文学作品500余篇、职工原创歌曲9首、微电影11部，多角度展示了广大职工的艺术素养和精神追求，巡回展出职工书画作品，观展人数达3000余人次，传递国网好声音，集聚文化正能量。

（二）凸显员工文化自信

开展"卓越文化·员工讲堂"主题活动 120 期，采用演讲、访谈、小品、相声、歌曲等多种方式，讲述国网故事、传递文化能量、展示卓越形象。创新策划"书记来开讲""党员来开讲""劳模来开讲""青年来开讲""女工来开讲""新员工来开讲"等系列开讲活动，让不同员工全体走上讲台，讲述自己的工作阅历、幸福感受、人生收获，讲述通过卓越文化建设，在"关爱与感恩""尊重与忠诚""收获与回馈"之间获得的启迪和心得。为公司科学发展提供强大的内生动力，为员工提供正确的价值引领、坚强的思想保证、强大的精神动力和良好的文化自信。

（三）实现文化与创新相融共进

卓越文化建设既是惠及员工工作生活的生动实践，更是公司管理文化、管理理念潜移默化渗透融入员工行为的有效途径。近年来，公司不断通过文化创新，凝练形成文化成果。《落实企业文化理念建设幸福家园》获得中电联企业文化优秀成果一等奖，《高海拔地区员工健康评价与保障管理》获得国家级创新成果二等奖，《"幸福家园"工程专题调研报告》获得国家电网公司软科学三等奖等 20 多项省部级荣誉，有力推进了卓越文化在雪域高原的创新实施。

面对青海建成世界级光伏能源基地，1100 千伏特高压通道建设等新的机遇和挑战，青海公司将深入贯彻国网公司"十三五"企业文化建设规划，进一步加强卓越文化传播，切实推进企业文化落地，严格企业文化评估，凝魂聚气，强基固本，为全面建成"一强三优"现代公司提供强大的精神动力和文化支撑。

华能国际德州电厂

践行"三色"使命
建设一流企业文化

华能国际德州电厂（简称"德州电厂"）位于山东省德州市古运河畔，是华能集团公司和山东电网主力电厂之一，现总装机容量270万千瓦，年发电能力达160亿千瓦时。全厂现有在职职工1669人，截至2016年底，德州电厂累计发电2718亿千瓦时，上缴利税297亿元，实现营业收入833亿元，为华能事业发展和国家以及地方经济社会发展作出了重要贡献。

多年来，企业先后获得全国一流火力发电厂、全国电力行业质量效益型先进企业、全国电力安全生产标准化一级企业、全国电力思想政治工作优秀企业、国资委中央企业先进集体以及华能集团公司优秀节约环保型燃煤发电厂、先进企业等荣誉称号。

企业文化是企业的灵魂，一流的企业必须有一流的、先进的企业文化。德州电厂作为华能集团公司主力火电厂和效益排头兵企业，始终高度重视企业文化建设。2010年，以华能"三色文化"为引领，立足企业20多年的生产经营实践，建立形成了以"强企塑人、安居乐业、修身齐家"为体系的"融·荣"文化，使"三色文化"在基层企业落地生根。近年来，以社会主义核心价值观为引领，以道德讲堂建设为载体，在生产经营中不断创新发展、深化提升。通过企业文化建设提高了生产经营水平，推动了企业发展，树立了良好企业形象，塑造了优秀企业文化品牌。

弘扬"三色文化"、践行"三色"使命，已经成为德州电厂职工的共同认知和自觉行动。

一、富有自身特色的"融·荣"文化体系

文化是企业的血脉和灵魂，是职工共有的精神家园。作为世界500强企业，华能集团公司始终高度重视企业文化建设。在30多年的实践中，建立和形成了以建设"为中国特色社会主义服务的'红色'公司；注重科技、保护环境的'绿色'公司；坚持与时俱进、学习创新、面向世界的'蓝色'公司"为企业使命的"三色文化"核心价值理念体系，为全面塑造华能品牌形象、筑牢全体华能员工

团结奋斗的共同意志、进一步提升企业核心竞争力奠定了坚实的基础。弘扬"三色文化"、践行"三色"使命，已经成为 14 万华能员工的共同认知和自觉行动。

德州电厂作为华能集团的排头兵，把加强企业文化建设作为增强企业核心竞争力、深化企业管理提升的战略举措。按照华能集团公司企业文化建设"两化、三级、五统一"的总体布局和"本质化统一、个性化发展"的建设要求，在精心总结提炼企业文化发展历程的基础上，结合山东地域特点，吸纳中国传统文化、特别是齐鲁文化的精髓，建立了既与华能"三色文化"一脉相承、又具有自身个性的"融·荣"企业文化，使"三色文化"在基层企业落地生根。其核心表述为：

融"三色"理念，以"敬业诚信"为荣，强企塑人；

融"仁和"理念，以"文明和谐"为荣，安居乐业；

融"厚德"理念，以"互助和睦"为荣，修身齐家。

（一）认真践行集团公司核心价值观

按照集团公司企业文化建设"五统一"的要求，"融·荣"文化秉承华能"三色文化"理念，在企业使命、核心价值观、企业精神、企业作风的表述和企业形象视觉识别系统与华能母文化相统一。

企业使命：为中国特色社会主义服务的"红色"公司；注重科技、保护环境的"绿色"公司；坚持与时俱进、学习创新、面向世界的"蓝色"公司。

核心价值观：坚持诚信，注重合作；不断创新，积极进取；创造业绩，服务国家。

企业精神：千辛万苦、千方百计的敬业精神；逢山开路、遇水搭桥的开拓精神；自找差距、自我加压的进取精神；敢为人先、敢为人所不能的创新精神。

企业作风：善开拓、讲效率、重信誉、勤俭办事。

（二）"融・荣"文化框架图和"融・荣"文化体系

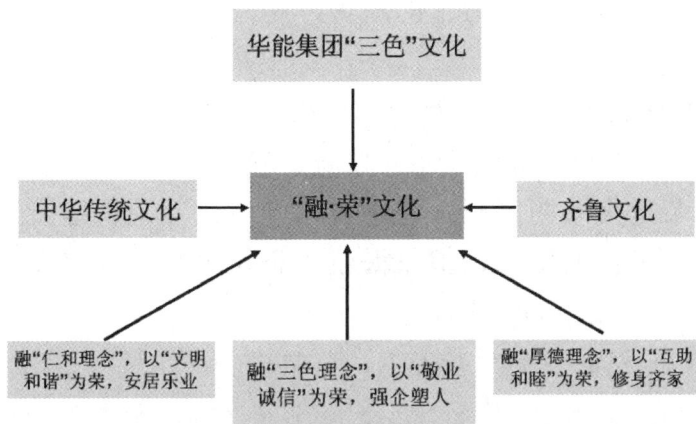

图1 "融・荣"文化框架图

融・荣	精神文化	是企业在生产经营中形成的独具本企业特征的意识形态和文化观念。主要包括统一于集团公司"三色"母文化的企业使命、核心价值观、企业精神和企业作风以及企业在生产经营中形成的管理理念、安全理念、人才理念、廉洁理念、学习理念和服务理念等。
	行为文化	是企业员工在生产经营、学习娱乐中产生的活动文化。主要包括在企业生产经营、教育宣传、文体活动、社会活动中产生的文化现象，是企业经营作风、精神面貌、人际关系的动态体现。折射企业的核心价值观。
文化	制度文化	是具有本企业文化特色的各种规章制度、道德规范和职工行为准则的总称，是精神文化与物质文化之间的中介。主要包括组织体系、管理体系、职能管理制度等，涵盖安全生产、运行检修、经营管理、综合后勤等各个领域。
	物质文化	是指企业有形的物质形态的总和。是企业文化的静止存在形态，是企业精神文化、制度文化的具体反映。主要包括产品文化、质量文化、技术标准、工艺流程、装备工具、资本原材料、厂房建筑、办公环境、企业视觉形象识别系统等。
体系	班组文化	是推动企业文化向基层班组渗透和延伸、促进企业文化与生产管理高度融合的有效载体。主要包括班组精神、班组价值观、班组工作目标和班组工作作风等内容。
	文化评价标准	是企业文化建设的重要组成部分，客观评估企业文化建设现状、考核企业文化工作效果、明确企业文化建设发展方向。

图2 "融・荣"文化体系

（三）"融・荣"文化内涵

融，融合、融洽，事物相处的和谐状态，具有深厚的文化底蕴。融于自然，融于社会，方能修其身；融合家庭，孝敬父母，亲和家人，方能齐其家；融于大众，术业专攻，汇通四海，方能治企治国。融，是一种力量的凝聚，是一种大智慧，是一种和谐至臻的境界。

荣，兴盛、光荣，受人尊重和仰慕。是融的结果，是融的升华，是我们做人、做事永远的追求，修身、齐家是小荣，治企、治国是大荣。小荣是大荣的基础，积小流方能成江河，积跬步方以至千里；大荣是小荣的保障，国家繁荣、企业兴旺，家庭和个人才会兴荣。

"融"会贯通，"荣"行天下，至荣至广。

二、领导高度重视，文化建设机制高效运转

（一）企业文化融入企业发展战略，推进文化不断创新

企业领导者既是布道者，也是先行者，更是将企业文化作为实现企业战略和任务目标的重要抓手，善于通过文化载体推进企业改革创新。2013 年以来，德州电厂将企业文化优势转化为发展优势，将企业文化实力转化为企业核心竞争力，明确提出了"把德州电厂建设成为公司经营绩效的支撑点、管理技术的制高点和企业文化的示范点"的奋斗目标，将文化纳入企业"三位一体"发展战略，融入生产经营管理全过程，推动企业创新发展、深化管理提升。

（二）建立企业文化长效工作机制，实现文化建设良好运转

在企业文化建设中，一是成立了企业文化建设领导小组统一领导企业文化工作，下设企业文化建设办公室，负责文化建设的规划、实施、检查和考核以及企业文化日常工作等。二是建立健全了企业文化建设办公室、各党支部（部门）和班组的三级文化建设网络体系，制定了企业文化建设工作考核办法，形成了厂周工作例会汇报、月度政工办公会点评的企业文化建设工作制度。三是将企业文化建设工作纳入党建绩效考核范畴，列入月度经济责任制考核；制定实施了企业文化考核实施细则，将企业文化建设与党建思想政治工作

统一检查考核。

三、职工高度认同，企业文化落地生根

（一）多措并举，文化理念融入生产、融入生活

为促进"融·荣"文化与企业中心工作有效融合，制定并实施了"三统一、四贴近、五进入"总体方案，统一宣贯内容、统一宣贯标准、统一宣贯考核，使"融·荣"文化贴近生产、贴近管理、贴近服务、贴接生活，采取各种形式，使"融·荣"文化进入部门、进入班组、进入岗位、进入社区、进入家庭。在厂MIS网页开辟了"企业文化建设"专题园地，编印了《"融·荣"文化手册》，录制了企业文化宣传片，建立了企业文化展室，举办了企业文化演讲，组织了企业文化知识竞赛，使"融·荣"文化理念和企业形象标识深入生产、融入生活。

（二）打造特色班组文化，推进文化成果落地

德州电厂制定了《班组文化建设指导意见》，从四个方面对班组文化建设进行了设计和规范。明确了班组文化建设指导思想、总体目标、工作思路和主要内容。加强班组文化建设的示范引领和总结考评，在10个班组中建立形成了不同的班组文化，注重示范引领，逐步总结推广。在班组"双争双优"建设中，专门设立班组文化建设考评项，使无形的班组文化建设，有了具体的抓手。每年组织各班组开展QC质量管理、专业技能竞赛等主题活动，推动班组文化建设深入进行。汽机队本体班的拼搏文化、热控队炉控班的技术文化、电气队配电班的安全文化、运行部戊二班的精益文化，都生动体现了各班组工作特色，助推了安全生产中心工作。

（三）规范企业标识，注重新闻宣传，塑造品牌形象

在文化标识方面，规范和强化华能视觉识别系统的规范和应用，在生产区标志性建筑和厂区办公场所规范使用华能标识，在生产、管理和服务领域正确应用华能标识，突出"中国华能"公司形象。加强企业文化的宣传报道，设立企业开放日，组织新闻媒体来厂进行创

作采风活动；在《中国电力报》和公司系统等新闻媒体综合报道"融·荣"文化，突出了"中国华能"形象，塑造"融·荣"文化品牌。

（四）加强文化载体建设，提升职工文化素养

建厂近 30 年来，德州电厂形成了自己的生活社区，建设文明和谐社区，营造和美乐居的生活环境是德州电厂文化建设的重要组成部分。社区内，足球场、篮球场、排球场、游泳馆和老年大学、职工礼堂等功能齐全的文体设施，满足了职工健身娱乐需求，丰富了职工业余文化生活，更是深入推进了企业文化建设。在企业内形成了团结互助、诚实守信，爱护环境、文明有礼的良好生活氛围，提高了职工生活品质。

在注重文化设施建设的同时，德州电厂每年结合企业实际工作生活开展职工喜闻乐见的系列主题文化活动，宣贯文化理念，丰富职工精神文化生活。庆"七一"职工综合艺术展、系列球类比赛等文体活动已是每年的规定文化项目。与此同时，职工自发成立、厂工会备案指导的 13 个文体协会通过灵活多样、丰富多彩的群众活动，陶冶道德情操，提升文化素养，进一步丰富了企业文化建设载体。

四、文化融入发展战略，引领企业创新发展

十八大以来，德州电厂积极践行"五大发展"理念，努力建设一流企业文化，引领企业创新发展。

坚持一流工作理念。高质量建成了符合集团公司要求的安全生产管理体系，创新实施"一日一查一考核一通报"和"一日一督导"制度，提升了企业本质安全水平，深化了安全文化建设。强化内控刚性管理、有效防范风险，对企业 16 项管理标准、17 项工作标准、724 项管理制度进行系统梳理、科学完善，使各项生产经营管理可控、在控，丰富和完善了制度文化建设，夯实了创建一流企业的组织基础。

坚持绿色发展理念。2013 年以来，德州电厂先后建成了优秀节约环保型企业和燃料管理标杆电厂，完成了六台机组脱硫提效、烟

气除尘提效、锅炉脱硝等环保建设工程，烟气排放优于燃气机组，为地方政府的绿水蓝天工程作出突出贡献。2016 年，建设完成了六台机组超低排放和高背压技改工程，以大机组指标竞赛为平台，深入提质增效，推动了企业转型升级。

塑造优质供热品牌。德州电厂积极践行企业社会责任，2016年，又在确保热源质量的基础上，实施德州南线供热管网建设，成立了热力公司，开通了热源、管网、客户"三位一体"直供模式，强化优质服务，确保供热质量，切实保障德州市区 80%居民的供热需求，精心塑造优质供热品牌，忠诚履行企业社会责任。

建设山东公司"窗口大厂"。2016 年以来，德州电厂巩固"三严三实"专题教育成果，深化"两学一做"学习教育，推进"三位一体"发展战略，提出了努力建设山东公司"窗口大厂"、创建全国文明单位奋斗目标，引领企业在生产经营、技术管理和精神文明建设方面全方位创新发展。

五、发挥好支部堡垒作用，强化文化建设组织保障

德州电厂在企业文化建设过程中，建立和完善了以支部为单位，支部书记亲自抓，支部成员靠上抓，基层党员模范带头的企业文化建设格局。无论是"融•荣"文化提炼形成的创立阶段，还是文化理念宣贯、与生产经营过程深度融合、实现文化成果落地的推进阶段，基层党支部主动搭建宣贯平台、构建宣贯网络、建设部门班组文化，服务生产经营，组织开展各具特色的部门文化活动，既推动了企业文化建设的顺利进行，促进了文化成果的转化和落地，也丰富和完善了党建工作载体，提高了支部党建工作水平。

2015 年以来，德州电厂大力推行支部月度量化考评制度，将企业文化建设列为支部月度量化考评主要内容，促进基层支部重视部门文化建设、开展好职工主题文化活动，切实发挥好企业文化启迪思想、凝聚人心、鼓舞士气、引领发展的作用，夯实建设一流企业文化的思想组织基础。

六、践行社会主义核心价值观，树立职工文化自信

在企业文化建设中，德州电厂将践行社会主义核心价值观融入企业文化建设深化创新的工作实践中，以道德讲堂建设为载体，设立了"三色"旗帜下的"融·荣"道德讲堂，广泛组织职工开展《道德经》《大学》《论语》等经典诵读活动，深入组织开展以爱国守法、敬业诚信、厚德感恩、忠孝和睦为主要内容美德故事征集和讲述活动。2015 年以来，组建了 45 人的全厂道德宣讲队伍，举办了 33 期道德讲堂活动，传递道德力量，引领文明风尚，弘扬工匠精神，做好本职工作，已成为广大职工的共同追求和自觉行动。

人在修行中顿悟，企业在文化建设中实现文化自觉。回视"融·荣"文化的三层核心表述，既有强企塑人的共同追求，也有安居乐业的社会诉求，还有修身齐家的个人理想。"融·荣"道德讲堂活动中，职工在一次次经典诵读中、在一个个道德故事中，加深了社会主义核心价值观认识，强化了"三色"文化核心价值观认知，在文化自觉中树立了文化自信。

七、"融·荣"强企，文化建设成效显著

文化引领发展，发展提升效益。德州电厂在企业文化建设的实践中，以文化创新引领企业发展，促进提高生产经营水平，推动和深化管理提升，取得积极成效。

（一）企业生产经营管理水平不断提高

以安全管理体系建设为抓手，坚持实施安全管理"一日一查一考核一通报"和技术管理"一日一查一督导"制度，形成了具有企业自身特色的安全文化，夯实了安全生产基础，提高了安全生产水平。近年来，全厂没有发生人身和一般及以上设备事故，3 号机组实现修后连续运行 616 天，6 号机组实现连续运行 188 天，先后荣获全国金牌机组和大机组竞赛一等奖。

以强化内控管理为平台，深入推进企业精细化管理，经营管理

理念不断丰富和完善，经营管理水平不断提高。2013 年建成了集团公司首批燃料管理标杆电厂和优秀"两型"企业，内控管理连续多年通过审计师事务所现场审计，推动了企业效益内涵式增长，确保企业经营安全。

（二）企业经营效益保持长青

德州电厂以"承担更大责任、创造更大的效益、作出更大的贡献"为己任，通过将企业文化成果转化为企业核心竞争力，推动企业内涵式增长，企业效益连年递增，成为集团公司的效益常青树。建厂以来，每年都保持较高的利润水平，即使在发电行业整体亏损的逆境中，仍然保持了较好的盈利水平，成为华能集团为数不多的火电企业之一，实现了国有资产的保值增值，为华能事业以及地方经济发展作出了突出贡献。2012 年以来，德州电厂经营效益不断攀升，屡创历史新高。2015 年，德州电厂完成发电量 143.88 亿千瓦时，实现利润 20.67 亿元，创造了新的历史辉煌。2017 年 1～5 月份，面对发电企业严峻的市场形势，以提质增效为抓手，实现利润 3.6 亿元，经营效益继续保持领先优势。

（三）增强了报效国家、回报社会的责任心

德州电厂在创造优良经营业绩的同时，始终以一颗感恩的心，服务社会、报效国家，保护环境、保障民生。近年来，先后建设完成了一期、二期供热工程，满足了地方市民三分之二的冬季供热需求，保障了民生；完成了六台机组的烟气脱硫工程、六台机组超低排放改造工程、中德节水示范工程等环保项目，为京津冀地区的生态文明建设以及地方碧水蓝天工程作出重要贡献。

企业文化是企业创新发展的不竭动力。德州电厂在今后的工作中，将以党的十九大精神为指引，深刻践行社会主义核心价值观，弘扬华能"三色"文化，深化和创新"融·荣"文化建设，以优秀的企业文化引领思想、凝聚人心、鼓舞士气、促进发展，为华能早日建成具有国际竞争力的世界一流企业作出更大的贡献。

中国水利水电第八工程局有限公司

彰显文化价值　打造优质品牌

中国水利水电第八工程局有限公司（以下简称"水电八局"）成立于 1952 年的荆江分洪工程，毛主席曾经亲笔题词："为了广大人民的利益，争取荆江分洪工程的胜利。"作为一家具有 65 年发展历史的企业，水电八局形成了醇厚的企业文化，引领水电八局朝"百年老店"的梦想迈进。然而，长期以来，水电八局的企业文化建设多靠员工口耳相传，多靠员工的自发行为，缺乏理论支撑和完善的文化体系。在激烈的市场竞争环境中，水电八局已充分认识到了企业文化的重要性。作为企业最重要的软实力，企业文化才是企业的灵魂。

近年来，在中国电建集团的领导下，水电八局党委积极探索新形势下企业党建工作模式和企业文化建设工作，提出价值思维理念，聚焦市场和现场，提升党建工作价值创造力，充分发挥文化的引领、凝聚、约束、激励和品牌辐射作用。先后荣获"全国模范劳动关系和谐企业""中央企业思想政治工作先进单位""电力行业思想政治工作优秀单位""全国企业文化优秀成果奖""湖南省十大创新企业文化品牌"等荣誉称号。

一、转换思维，价值创造理念深入人心

长期以来，国企文化建设工作面临着诸多难题。一是重形式，轻核心文化建设；二是重视领导意志，轻视员工参与；三是重视模仿，轻视创新。具体表现在企业文化口号化、广告化和文体化，缺乏持续性、群众性和创新性。究其原因，在于没有坚持以价值创造为导向的企业文化建设理念，没有充分认识到企业文化在企业管理中的作用，没有充分挖掘企业文化在企业管理、品牌营销方面的价值。

针对这些问题，水电八局提出"聚焦两场、彰显价值"的文化建设理念，把是否创造价值、创造效益作为衡量和检验工作成果的首要标准，努力把企业文化建设与企业管理提升相结合，不断提升党建工作和企业文化价值创造力。

价值思维是一种把创造价值、创造效益作为决策依据与评价标

准的思维方式，本质上是一种务实、创新、开放、合作的思维。在价值思维的引领下，水电八局主动适应新形势，主动服务改革发展大局，主动融入企业管理和生产经营中心，不断推出企业文化产品，激发企业文化价值创造力。

二、集思广益，文化核心理念初步形成

水电八局高度重视企业文化建设工作，设立企业文化部，与党委工作部合署办公，制定企业文化建设三年规划，充分发挥文化的引领作用。

面向公司全体员工征集企业文化理念表述语和企业文化故事。征集文化理念表述语1415条，涵盖了核心价值观、企业愿景、企业精神等12项子理念；企业文化故事115则，生动反映了企业精神、工程建设和员工风采。深入项目基层开展文化调研活动，召开文化理念评审会议。着力提炼符合八局特色的企业文化，"精诚"文化体系初步形成。

在提炼企业核心理念过程中，水电八局把是否彰显八局文化底蕴、是否被广大员工认同、是否有效推动企业改革发展作为衡量标准，充分挖掘"精诚"文化的深刻内涵。"精诚"文化融合了中华传统、西方文明、湖湘底蕴、电建精神和八局特色，既吸收了各方文化的精髓，又彰显了八局的企业特质。"精诚"文化既是一种管理文化，也是一种人文文化；既是一种时代文化，也是一种传统文化；既是一种企业文化，也是一种个体文化。"精诚"文化是八局的立业之本、守业之法、兴业之道。

三、推陈出新，文化精品与活动不断呈现

水电八局积极宣贯中国电建集团企业文化手册和企业文化核心理念，落实企业文化建设各项举措，不断推出新颖活泼、内涵丰富的文化产品。将60周年局庆与企业文化建设相结合，以"共庆六十年，共创新辉煌"为主题，开展了一系列庆祝活动。编辑《向幸福

出发，我们同行》纪念画册，拍摄专题片《历程》，排演大型文艺节目《大江奔流》，集中展示了水电八局企业文化底蕴，极大增强了员工的归属感和成就感。建设水电八局形象展览室，编写员工礼仪手册，连续出版了公司综合业务、机电业务、基础设施业务、国际业务、铁路业务等系列画册。2014年，水电八局以企业文化推广为依托，加大品牌营销力度，制作了企业形象宣传片《八局是支好队伍》。

水电八局企业文化建设卓有成效，先后荣获"中国企业文化建设优秀单位""践行社会主义核心价值观企业文化模范单位"等荣誉称号，多个文化建设案例获企业文化优秀案例。

四、融入时代，文化故事感人动人

文化传播是企业文化建设很重要的一环，近年来，微信在塑造企业文化、提升企业形象方面发挥着独特作用。水电八局坚持以普通人的视角讲述企业故事，传播企业声音，基层员工身上同样有令人震撼的洪荒之力。

水电八局以普通员工为中心，挖掘一线故事中的人性之美、品格之美、平凡之美。如，《纸飞机飞》是一则发生在普通员工身上关于梦想、思念和坚守的基层故事；《因为爱情》讲述了几对青年员工的工地婚礼；《八局好儿郎》唱出了一线员工的心声。用 RAP 的形式，别出心裁地总结了水电八局 2015 年的大事；企业歌曲《说唱八局》，员工自编自导自演，讲述了不一样八局人的不一样的故事。

2017 年，水电八局在迎接 400 多名新入职员工时，编辑出版了《讲述——我们身边的故事画册》，受到了新员工的追捧和喜爱。公司党政主要领导亲笔为新员工写序："对于我们来说，企业文化是传承，是信仰，是血脉，是记忆，它让水电八局成了水电八局。而这样的企业文化由每一个八局人构成，由每一个八局人的故事构成。""这些都是沾着泥土、带着露珠、冒着热气的八局故事，我们为 2017 届新员工量身定制了这一版。愿你们在品读、回味过后，能够追随前辈们的足迹，书写属于你们自己的精彩故事，成为故事里的主角。

我们愿成为你们故事的忠实读者。"

五、品牌营销，社会影响力稳步提升

水电八局把企业文化建设与品牌营销有机结合，与地方媒体开展战略合作，积极探索网站、微信平台为一体的立体营销模式，不断提升企业文化的社会影响力，扩大企业品牌美誉度和知名度。

水电八局党委加强与湖南广电集团、《湖南日报》、红网等媒体的战略合作，开展海外营销、本土营销。积极探索运用网站、微信、QQ等新媒体工具，打造品牌营销平台。八局网站进行了改版升级，"普通员工也上要闻，管理细节也是要闻"理念深入人心。"八局之声"微信公众平台，关注人数超过3万人，最高单篇点击突破5万次，多期微信专题点击率突破1万次，品牌营销工作得到地方政府、业主、监理等的一致认可。

在湖南省委宣传部牵头组织的湖南省企业文化论坛上，水电八局作为首家企业作了题为《以文化为动力，打造企业改革创新平台》的主题发言，并以视频形式展示了电建文化理念与八局文化成果。

六、多点着力，子文化建设有序推进

在价值思维的引领下，水电八局子文化建设成效显著，全面开花。水电八局大力推进廉洁文化建设，制定了《中国水电八局有限公司廉洁文化建设推进意见》，开展了廉政教育、"家庭助廉"、廉洁文化建设示范点创建等系列廉政文化建设活动。大力推进安全文化、质量文化等文化建设，确定了"安全第一、生命至上"的安全管理方针和"敬业、专业、人品、精品"的质量管理方针，以安全质量理念为指导，开展了安全月、质量月等系列安全质量文化建设活动。

中国水电八局人工砂石业务被中国企业文化促进会、中国工业设计协会、人民日报社市场部等五家权威机构评为"中国行业十大影响力品牌"。举办砂石文化节，提炼"砂石精神"，发行《大道同行》纪录片，实现了砂石品牌从产品品牌到企业形象品牌的跨越。

论文《从产品品牌到企业形象品牌的跨越——中国水电八局砂石品牌文化建设综述》以不同标题在《施工企业管理》《企业文化》《当代电力文化》等杂志发表转载，先后荣获中国企业联合会、中国企业家协会评选的"2013 年度全国企业文化优秀成果奖"、2013 年第二届中部企业文化高峰论坛"中部地区企业文化理论成果奖"。

海外业务针对境外员工远离祖国、远离家人、生活单调、精神无依的情况，开展"家"文化建设。2014 年 5 月，全面启动了国际项目"家"文化建设，把马来西亚康诺桥火电项目选为海外文化建设试点，开展"六创建"活动，即建设温馨之家，传递爱的力量；建设安康之家，倡导快乐工作；建设文明之家，展现团队风貌；建设学习之家，提升素质能力；建设民主之家，营造和谐环境；建设效益之家，增进员工幸福。通过建"家"活动，全面落实人文关怀各项政策，积极开展管理增效活动和文体活动，营造了良好的内外环境，为国际业务健康稳定持续发展提供强有力的保障。

水电八局企业文化建设充分发挥了企业文化的凝聚、规范、引领、塑造品牌作用。水电八局目前已形成了国内水利水电业务、国际业务、基础设施业务、铁路业务、投资业务五驾马车竞相发展的局面。2012～2016 年，5 年累计实现新增合同额 1400 多亿元，营业收入 800 多亿元，年平均增长率 12.66%。

水电八局创建的企业文化展示与品牌营销平台——"八局之声"微信公众号粉丝突破 10 万人，阅读总量近 600 万人次，在中国新媒体大数据权威平台——"清博指数"中市场品牌价值达到 1800 万元。

水电八局企业文化建设取得了良好的社会效益。老挝南塔河、莱索托麦特隆等项目建设新闻登陆央视新闻联播，充分彰显了中国电建的品牌形象。大力培育先进典型，涌现了全国道德模范提名奖获得者刘国义、"大国工匠"刘杰等一批模范人物。春节、"七一"建党日等节日期间，常态化举办升国旗活动。先后荣获"全国和谐企业""中央企业思想政治工作先进单位""电力行业思想政治工作优秀单位""全国企业文化优秀成果奖""湖南省十大创新企业文化品牌"等荣誉称号，多个案例被评为企业文化优秀案例。

价值思维是水电八局开展党建工作的重要导向，也是水电八局开展企业文化建设工作的指导思想。水电八局将继续以价值思维为引领，不断深化企业文化建设工作，在引领发展、凝聚人心、塑造品牌、营造和谐上彰显企业文化价值，不断推动企业健康平稳持续发展。

"八个一"打造
社会主义核心价值观示范基地

一、基本概况

中山供电局是广东电网有限责任公司下属大一型企业，管辖 24 个镇区供电分局。担负着中山市 1800 平方公里、131.49 万户客户的电力供应和营销服务，2016 年完成供电量 252.96 亿千瓦时。

中山市作为我国伟大的革命先行者孙中山的故乡，具有丰厚的香山人文历史底蕴，中山供电局就是在这片文化沃土的孕育中不断成长、发展、壮大的。早在 20 世纪 80 年代，中山供电局在开展 QC 小组活动中就率先提出了供电质量文化，之后，在文化建设、文化管理等方面积极探索。中国南方电网公司成立之后，中山供电局全面对接南网企业文化理念，逐步形成了以南网文化为核心、传承广东电网历史、富有香山文化特色的中山供电企业文化体系——"八阵圆通"。"八阵"即安全、责任、执行、廉洁、服务、质量、和谐、创新等八项专业文化。其中，质量是中山供电文化的起源，和谐是中山人文精神的弘扬，创新是孙中山"敢为天下先"理念的传承。圆，即圆润，和谐，体现了中山人的博爱、包容；通，即做事通畅。"八阵圆通"是香山文化和南网文化的结合体。

二、高度重视社会主义核心价值观建设

近年来，中央对文化建设作了一系列重大部署。"文化强国""五位一体""文化自信""品德合格"等关键字眼凸显了党中央对文化建设以及社会主义核心价值导向的重视力度。2012 年 11 月，党的十八大报告提出："倡导富强、民主、文明、和谐，倡导自由、平等、公正、法治，倡导爱国、敬业、诚信、友善，积极培育和践行社会主义核心价值观。"2013 年 12 月，中共中央办公厅印发的《关于培育和践行社会主义核心价值观的意见》第一次明确指出国家层面、社会层面、个人层面的二十四字社会主义核心价值观内容。2014 年 5 月 4 日，习近平总书记又再次肯定了当代中国培育和践行社会主义核心价值观的重大意义。

社会主义核心价值观是文化软实力的灵魂。近年来，中山供电局深入贯彻习近平总书记系列重要讲话精神和治国理政新理念新思想新战略，以社会主义核心价值观为思想引领，以南网文化体系为行动指南，坚持"做核心价值观的忠实实践者"，不断践行社会主义核心价值观的精神内涵，在企业文化建设方面取得了长足的进步。

中山供电局高度重视社会主义核心价值观建设，以各具特色的实践方式诠释着社会主义核心价值观，为企业文化的打造注入了新鲜的血液和时代的气息。

一是开展政策研究。结合十八大以来中央有关精神，网省公司宣贯《南网总纲》、"十三五"企业文化行动计划、2017年党建工作安排、南网1号文等有关要求进行，深刻认识培育和践行社会主义核心价值观重要意义，认真领会新形势下供电企业培育和践行社会主义核心价值观的新思路新任务。

二是对问题现状进行分析。围绕贯彻落实党中央、网省公司有关文件要求，在中山供电局各部门单位开展深入调研，认真研究当前在培育和践行社会主义核心价值观方面面临的形势和问题，开展实地访谈、问卷调查、对标分析等，并通过分析论证，梳理出当前存在的问题和困惑，提出解决思路，为确保党中央、网省公司有关文件要求落实落地提供执行层面的策略建议。

三是采取切实有效的举措。贯彻党中央、网省公司有关要求，探索培育和践行社会主义核心价值观方面的组织领导方式，明确党组织在企业文化建设和价值引领方面的组织领导地位和工作责任，落实组织保障并制定科学可行的实践方案，从"软件"建设和"硬件"建设两个方面探索打造社会主义核心价值观示范基地的方式，将践行价值观落地，可学可见。

三、"八个一"强力打造社会主义核心价值观示范基地

结合企业实际，中山供电局通过体系、平台、机制、展示群、丛书、案例库、达人、文化节等"八个一"，打造社会主义核心价值

观示范基地。

（一）一个企业文化建设管理体系

中山供电局企业文化建设主要以各级党组织、各专项文化对口部门和各生产单位、班组为依托。在该局党委的统一领导下，设有专门的企业文化建设委员会，并设有包括责任文化、服务文化、执行文化、廉洁文化、安全文化、质量文化、创新文化、和谐文化在内的8个专业文化牵头部门，各党（总）支部的宣传委员是基层文化建设的骨干；中山供电局的安全文化建设尤其出色，经过多年的不懈努力，系统地构建了富有中山供电特色的安全文化体系，为打造本质安全企业奠定了坚实的基础，2015年获广东省安全文化建设示范企业称号。

（二）一个企业文化建设交流平台

通过"文联"搭建交流和展示平台，由各专业分会共同推进；中山供电局文联下辖5个二级分会，包括文学与新闻写作爱好者分会，美术、书法爱好者分会，摄影爱好者分会，音乐、舞蹈、语言艺术爱好者分会，企业文化研究爱好者分会，目前共有会员146人。近年来，中山供电局文联在网省公司文联的指导下，深入学习贯彻习近平总书记在文艺工作座谈会上的讲话精神，始终遵循公司文联做"核心价值培养的思想引领者、企业改革发展的支持保障者、全员素养提升的文化滋养者、和谐家园营造的精神守护者"的工作定位，坚持文艺创作为企业、为职工的"二为"方向，坚守电网文学创作塑央企、电网企业形象的"二塑"目标，不定期组织文联各分会开展各类文艺创作和主题活动，在某些领域甚至还提升了知名度。如，在第二届全国电力职工摄影大赛中，中山供电局摄影协会有4位会员的共5幅作品获得了奖项，其中1幅获得了银奖，4幅获得了优秀奖；2016年中山供电局男声合唱队代表广东电网公司参加南方电网"唱响我们的价值观"歌唱大赛进入决赛并获银奖，中山供电局被南网评为大赛"最佳组织奖"；中山供电局青年相声《大眼萌》代表广东电网公司参加南方电网"五四"展演获得了一致好评，充分发挥了文联这个平台的交流作用，促进了企业文化建设的深入发展。

（三）一个企业文化建设运行机制

中山供电局编制了企业文化建设工作制度，包括《企业文化建设保障与指导工作管理规定》《企业文化建设推广与实施工作细则》《企业文化建设目标与指标管理考评工作细则》《企业文化建设激励与改进工作细则》等四项制度，形成《行为规范体系》成果。在党建文化引领下，率先搭建起企业文化建设工作制度框架。同时，严格按照工作细则的要求，开展定期的检查和考核，将管理制度的要求落实到位。如由大党建部门每季度进行一次考评，检查评价基层单位落实文化建设和文艺活动的开展情况。

（四）一个企业文化展示群

通过企业文化建设的实体展示，让企业文化建设"看得见、摸得着、有效果"。

特色文化星光熠熠，打造"八星拱月"文化矩阵。中山供电局通过总结提炼"七星伴月"文化展示群的建设经验，升级打造"八星拱月"企业文化展示群，建设社会主义核心价值观示范基地，达到"价值观导向""爱国主义教育""企业文化宣扬"三方面目的。升级后的"八星拱月"式文化展示群，核心部分的"月亮"位于该局新办公区的中山供电文化展馆，将增加"60年党史陈列馆"和"社会主义核心价值观宣传阵地"的功能定位，并对企业文化内容进行补充更新，使内容更丰富和更具有时效性，提升文化展示效果，提高文化传播质量；而"八星"是八个基层单位的展厅，包括石岐分局文化展厅、输电所文化展厅、变电一所文化展厅、变电二所文化展厅、三乡分局文化展厅、大涌分局文化长廊、火炬分局文化展厅、东升分局文化展厅，各基层展示点根据部门（供电分局）各自的特色策划布展。其中，石岐供电分局是其中闪闪发亮的一颗新"星"，旨在打造独具自身特色的"岐"文化。这些星星点点体现了基层文化的首创精神，使该局文化展示的内容更加丰富。

深度融入核心价值观，建立社会主义核心价值观主题雕塑园。中山供电局紧密结合社会主义核心价值观培育和实践，不断推进构建场域文化环境的建设工作，在该局各办公场所公共空间开展建设社会主义核心价值观展示区，将企业价值导向与社会主义核心价值观展示内容融为一体，形成了室内、室外相结合的展示矩阵；同时，利用各基层展示点和办公场所宣扬好社会主义核心价值观。该局通过各项主题活动开展核心价值观教育，"寻找身边的电力工匠"活动弘扬"敬业"精神、征集最美诚信故事开展"诚信"教育。同时注重培育良好家风家教，编制了与企业文化理念和社会主义核心价值观深度融合的《党员家庭公约》。目前，中山供电局着手在博爱六路局本部大院，建设社会主义核心价值观主题公园。按大院布局，在园内树立能够弘扬社会主义核心价值观主题词精神的爱国志士典型雕塑，以 12 个人物诠释代言社会主义核心价值观 12 个主题词：孙中山（富强）、陆皓东（民主）、郑观应（文明）、萧友梅（和谐）、阮玲玉（自由）、杨鹤龄（平等）、杨殷（公正）、王云五（法治）、杨仙逸（爱国）、严迪光（敬业）、马应彪（诚信）、陈天觉（友善），通过 12 位人物雕塑的主题词"代言"，真正让社会主义核心价值观"看得见""摸得着"。

（五）一套企业文化丛书

为更好地总结企业文化建设经验，中山供电局每年编制出版一本企业文化类书籍，目前已经出版了 10 本，如：中山供电 60 年党史图志《光明足迹》、文化类摄影作品集《文化映像》、中山电力百年史话《点亮千万家》、各领域先锋事迹集《先锋模范》、企业文化作品集《企业文化丛书》（包括《文化耕耘》《员工典范》《传播文化》《激扬文字》《服务文化》《安全文化》）等，打造了文化精品，宣贯了社会主义核心价值观建设成效。

（六）一个企业文化实践案例库

在中山供电局党委的统一领导下，各级基层党组织按照"一个总支一年一个特色，一个支部一年一个亮点"的要求，紧紧围绕企业中心工作，积极探索党建工作新思路和新方法，推进基层党建工作创新；各专业文化责任部门、生产部门和供电分局充分发挥文化的引领作用，深化企业文化创先工作，形成了一批特色和亮点。并从 2009 年开始，中山供电局党建工作部每年组织各党（总）支部进行企业文化亮点发布，经推荐、评选、审核，收集各部门单位在企业文化建设方面好的做法和经验，树立典型，激励先进，逐渐形成实践案例库。截至当前，共收集优秀党建与企业文化案例 92 个，如优秀企业文化案例有石岐供电分局的《"六个爱"促安全文化建设》、输电管理所的《践行安全文化共享幸福安康》、市场营销部的《构建增值服务文化擦亮供电服务品牌》、大涌供电分局的《完善供电分局企业文化"可视化"建设》等。

（七）一批企业文化达人

着重挖掘各艺术专业的文化达人，培养工人艺术家；借助文联、工会、团委等平台，挖掘、培养在各方面有爱好和特长的员工。如有：油画达人刘志民，他的个人油画作品展获得中山油画界高度评价；歌唱达人李茂林，毕业于星海音乐学院声乐教育系，在他的带领下，中山供电局合唱队多次获得中山市合唱比赛一等奖，曾两次代表广东电网有限责任公司参加广东省"百歌颂中华"歌咏比赛分别荣获金、银奖；"翰墨达人"林郁量，近年来作品多次在省、市及地区比赛获奖、入选并被收藏；"09POWER 舞队"达人廖旭晓，其精彩的舞姿，在大大小小的舞台上多次获奖，拥有着"中山供电局街舞小王子"的称号；漫画达人汤晓晖，在 2008 年南粤清风——纪念广东省纪检机关恢复重建 30 周年书画展上获得了三等奖；魔术达人汤子隆，刚"出道"就获得了 2011 年中国高校魔术大赛东三省赛区优秀奖，最近，在中山市第八届中山青年文化艺术节中荣获"最佳才艺奖"；摄影达人肖康生，其作品在第二届全国电力职工摄影大赛中获得金奖。

（八）一个企业文化节

每四年举办一届企业文化节活动，对最近 4 年的文化建设情况进行总结和集中展示。例如 2016 年，举办了主题为"敬业、安全、发展"的第四届企业文化节，由局党委统筹，大党建部门牵头，实施了 30 个企业文化项目，形成了十大亮点。这些文化活动中有最新企业文化理念的宣贯，也有"文化课题"的研究；有电力工匠的选树，也有最美家庭的找寻；有供电党史图志《光明足迹》的出版，也有探索党建精益之路《南网别册》的刊发；有"青年梦工场"的打造，也有文化长廊的展示；有"十大歌手"的亮相，也有"最美舞者"的角逐。这些活动形式多样，主题鲜明，形成了宣贯社会主义核心价值观、弘扬主流价值导向的良好氛围。

通过"八个一"的企业文化建设，中山供电局企业文化建设卓有成效。近年来，先后获得了"全国文明单位""全国五一劳动奖状""广东省南粤先锋先进基层党组织"等殊荣，并成为南网唯一一个荣获国资委"中央企业企业文化建设示范单位"的供电局，率先获得了"全国安全文化示范单位"，企业文化已经成为助推中山供电局科学发展的内在动力。

四、实施成效

具体而言，中山供电局社会主义核心价值观示范基地建设成效如下：

（一）达到了教育培训员工的目的

示范基地的打造使抽象的企业文化通俗易懂，初步解决了员工对企业文化认知不深、认同度不高、参与积极性低的问题。使员工在"看得见、摸得着"的环境中了解企业文化，提高素养和道德水准，增强社会主义核心价值理念，推动社会主义和谐社会的构建。

（二）增强了企业文化的自信、自觉、自为

一是提升文化自信。打造社会主义核心价值观示范基地，使全体文化建设者和员工更加了解中山供电企业文化取得的成果，增强了他们对文化建设的信心和决心。二是提升文化自觉。通过文化传承、文化融合，提升企业、员工在文化上的觉悟和觉醒。三是提升文化自为。通过坚持评选年度企业文化亮点，推动文化建设的"基层首创"，激发基层文化自为。如输电管理所被评为了广东电网公司首批安全文化示范单位；变电管理一所和石岐供电分局分别被评为了网省公司首批班组文化示范点、省公司首批服务文化示范单位。

（三）提升了企业软实力

企业文化充分发挥了对员工队伍的凝聚力作用，在推动中心工作，在抗击自然灾害、抢修复电、重大事件保供电等各项工作中，广大员工主动承担急、难、险、重任务，用实际行动诠释新时期党的先进性。如在2008年抗冰救灾，2009年、2015年和2016年抗击台风，2010年、2011年广州亚运会和深圳大运会保供电等活动中，全体员工召之即来、来之能战、战之能胜，出色完成上级布置的任务。

（四）推动了企业改革发展

企业文化领域创先推动了企业的改革发展。中山供电局可靠性指标连续六年位列全国地级市前10名；综合计划对标位居全南网首位；第三方客户满意度得分连续4次全省第一；在广东省社情民意调查中连续8年排名全市公共服务领域第一，在全省横向对比中位居第一；连续3年获评网公司安全生产先进单位；荣获2016年度金蜜蜂企业社会责任中国榜"客户至上奖"，以及"广东省最具社会责任感企业"；组织绩效连续5年被省公司评为A级。

（五）在业内外起到了很好的示范带头作用

中山供电局"七星伴月"式文化展示群建成后，完成了大量的参观任务，除经常有广东、广西、云南、贵州、海南等系统内兄弟单位参观外，系统外也经常有领导和文化建设的同行、学校学生等参观，在参观过程中，他们了解到更多的企业文化建设、社会主义核心价值观建设方面的信息，在业内外都产生了很好的影响，起到了一定的示范作用。

大唐环境产业集团股份有限公司

以文化建设为抓手
大力发展节能环保产业

作为中国大唐集团旗下发展节能环保产业的唯一平台，大唐环境产业集团股份有限公司（以下简称"公司"）秉持"价值思维、效益导向"核心理念，弘扬"务实、奉献、创新、奋进"大唐精神；坚持科技引领、创新驱动，文化强企、凝心聚力；专注燃煤电厂环保节能全产业链及能源绿色、清洁、高效利用，致力贡献于国家绿色发展，凭借卓越的创新团队，领先的核心技术、完备的管理体系、突出的主营业务和优良的产业布局，逐步建立以运营类为主、工程建设兼顾和产品制造独大的产业结构，形成了环保工程、脱硫脱硝特许经营、脱硝催化剂、科技工程、物料搬运、节能服务、水务、除渣除灰、风机制造、信息技术等十个发展方向，具备为客户提供便捷、优质的研发、设计、产品、服务、投资、运营等一揽子解决方案的能力，是国内具有较强品牌影响力和市场竞争力的环保科技公司，成为中国电力环保节能领域的主导者和领先者。公司先后荣获"中国最具社会责任感环保企业""中国工业烟气治理十大环保企业""中国工业烟气治理综合服务运营商""2012—2014年度首都文明单位"等荣誉。

一、文化培育——让"开拓创新、真抓实干"之梦根深蒂固

国家"五大发展理念"为环保节能产业注入了生机活力，激活了公司聚焦科技环保谋发展的梦想，公司怀揣梦想、追逐使命，上下同欲、顺势而为，把企业文化有力融入生产经营活动，助推企业创新发展。

做实"企业文化"，牢牢把握主动权。公司紧紧围绕中心工作，充分发挥国有企业党建工作独特优势，持续提供精神动力。党委一班人坚定"四个自信"，弘扬"务实、奉献、创新、奋进"大唐精神，面对企业改革发展严峻形势，他们以身作则、冲锋陷阵、团结一心、奋发图强，带领全体员工，认真履行央企"三大责任"，在关爱员工、服务员工、团结员工方面，举措有力、措施到位，实现了保质增质、内部和谐双丰收。一是注重顶层设计。公司制定企业文化五年发展

规划，从组织领导、组织机构、方式方法、内容标准、各类保障等方面，进行系统规划设计，为企业文化繁荣提供遵循；二是注重率先垂范。活动由总经理和党委书记牵头，班子成员分别兼任 18 个协会荣誉会长，带头抓建、亲自参与，有力地促进了活动的普及开展；三是注重考评牵引。各级思政、工会是企业文化的传播者和组织者，每个单位指定专人负责，大型活动有主办单位、保障人员，做到活动经常、交流经常、考核经常，有力地促进了企业文化的蓬勃展开；四是注重因势利导。面对公司员工队伍学历高、素质高、年轻化，以及企业面临的诸多问题，企业各级领导在大抓文化建设、员工队伍建设方面，下深功夫、实功夫、笨功夫，始终保持昂扬的斗志和勇挑重坦的责任感，涌现出了一大批拿得出、叫得响的行业先进单位和个人。

做强"大政工"，助力中心工作。公司党委认真履行主体责任，把方向、管大局、促落实，企业文化有特色、有活力，极大地促进了中心工作发展。一是学习活动扎实深入。认真开展"两学一做"学习教育活动。联系全年重点工作和具体实际，公司以"把握 3 个重点内容、运用 6 种工作方法、深入开展 12 项具体活动"为工作方案，深入开展"两学一做"学习教育活动。二是党风廉政建设有力有效。开展以"把握《条例》，践行《准则》，塑风清气正良好生态"为主题的反腐倡廉宣传教育活动，组织《准则》《条例》知识考试和领导班子成员自我画像，达到自我净化、自我完善、自我革新、自我提高的目的，提高了广大党员干部的纪律意识。三是注重革命理想教育进入企业。公司在清明节期间开展了"缅怀革命先烈、坚定理想信念"系列祭扫活动，组织北京、南京、青岛等 5 地400 余人次赴中共中央党校等 8 处爱国主义教育基地进行革命传统教育。四是树立企业良好形象。在公司党委统一领导下，团委、青年志愿者协会组织了"敬老、爱老、助老，青春志愿在行动"慰问演出及"善行者 100 公里"捐资助学等多项活动，受到了北京市红十字会、海淀区政府充分肯定和好评，展示了公司积极履行社会责任的良好形象。五是广泛传播发展正能量。在劳模宣传月中，由公司 10 位优秀青年代表组成的大唐环境博士后劳模宣讲团参加"学习劳模好榜样，提质增效做贡献"先进事迹巡回报告会，展现了公司 80 后科研团队青春蓬勃、奋发有为的精神风貌。六是文体活动凝心聚力。公司充分发挥 18 个文体协会作用，极大丰富员工业余生活的同时组织了篮球、足球、太极拳等多项精品文化活动，积极参加青岛、北京及南京马拉松比赛，全力打造"大唐环境马拉松"品牌，提升了员工集体荣誉感和凝聚力。

二、文化引领——让"创新创效、科技兴企"之梦枝繁叶茂

公司坚持科技强企战略，强化研发和技术创新团队培养建设，不断加大研发和技术创新投资力度，打造出创新发展、绿色发展新引擎，实现了企业经济效益和社会效益双丰收。

着力打造创新团队。创新团队是企业生存发展的智库，是企业持续战斗力的源泉。公司坚持"三高"创建育队，成果丰硕。一是高起点建设智库。公司先后筹建 1 个院士工作站、2 个博士后工作站、3 个省级企业技术中心和 1 个国家认证的催化剂检测中心等科研平台，公司首个中试级环保试验基地——大唐环境张家口环保试验基地也正式投入运营，占领科技潮头。二是高标准推动"双创"。新建职工创新工作室 12 家，实现创新工作室基层企业全覆盖，取得创新成果 201 项，41 项成果、论文获省部级以上奖项。三是高效率管控。成功推行技术岗位序列改革，为技术研发人员建立更为广阔的晋升通道，在脱硫脱硝等 8 个专业开展了专业技术首席专家评选，为科研技术人员提供更为广阔的发展舞台，极大提升了核心技术人员的工作积极性和企业忠诚度。

着力打造核心技术。2016 年，公司 6 项自主研发科技成果荣获行业及省部级科技奖项，其中《燃煤电厂多污染物协同一体化脱除的研究与应用》荣获中国电力科技技术进步奖三等奖，"节能型湍流管栅高效脱硫技术"及"增强型燃煤烟气 SNCR 脱硝技术"，分别

达到国际和国内领先水平，并得以广泛应用。公司主编的 1 项国际标准、1 项国家标准以及公司参编的 4 项国家或行业标准在 2016 年先后颁布实施，其中 IEEE 标准《火电厂烟气脱硝平板式催化剂》，有效地填补了该类产品国际标准空白。

着力打造自主品牌。拥有自主知识产权品牌是企业始终追逐的梦想，是企业内在实力、外在形象的体现。倾心打造大唐重机，展示中国制造，见证着企业的成长壮大、实力非凡。一是勇于超越。公司研制出自主知识产权斗轮堆取料机，达到国际先进水平，并覆盖了国内该类型设备的所有规格，强力展示了该机型在电力行业的特殊位置。二是勇于奋进。自主研发的轻型化、无尘化、工厂化、模块化的栈桥、转运站及筛碎一体机、方形汽车卸煤沟及大直径叶轮给煤机、无人值守智能化大型装备等创新产品，具有占用空间小、经济、安全、粉尘污染少、效率高等特点，被项目广泛应用。三是勇于开拓。公司针对露天煤场污染大、安全风险高、难管理等问题，通过几年刻苦攻关，全力攻克输煤岛 EPC 及煤场封闭项目，已经全面掌握其核心技术，并依托项目建设全面实施。

三、文化聚力——让"培育工匠、砥砺前行"之梦百花齐放

公司的快速发展，得益于有一个开拓进取的领导团队、成果丰硕的科研团队、年轻有为的执行团队、技术精湛的技工团队，他们坚定强企报国信念，传承大国工匠精神。

筑牢"创精品"意识。2016 年公司各类工程项目执行数量、竣工数量均创历史之最，克服项目陡增、人员紧缺、经验匮乏等重重困难，优质高效完成了各项建设任务。一是创工程管控精品。公司从策划、开工、建设、移交、评价等 5 个方面加强精品工程全过程管控，以点带面，特别重视承建的滨州项目脱硫、脱硝等 5 个专业岛后续工作，为创建集团公司首个精品工程作出了重要贡献。二是创基建单项精品。公司以基建工程大项目经理负责制为抓手，统筹协调各板块工程管理力量，有序推进基建项目各专业岛工程建设，

为抚州、攸县、临清、八〇三、托电等 6 台机组按计划通过 168 小时试运，提供了坚强保障。三是创工程改造精品。公司加强分包单位选择和组织管理，高质量地完成了国际、陕西等分子公司 51 台机组改造任务，收到表扬信 26 封。四是创海外工程精品。泰国 PP9 项目顺利完成 168 小时试运并顺利移交，印度古德洛尔项目 1 号机组及公用系统一次性完成 336 小时试运以及 72 小时考核性试验，正式移交业主。

筑牢"新成果"意识。公司面对快速发展、业绩向好，始终保持清醒头脑，坚持问题倒逼，苦练内功，厚实软实力。一是科研平台建设取得新进步。在充分发挥 1 个院士工作站、2 个博士后工作站、3 个省级企业技术中心和 1 个国家认证的催化剂检测中心等科研平台作用基础上，公司首个中试级环保试验基地——大唐环境张家口环保试验基地于 8 月份正式投入运营；二是研发人才团队建设实施新举措。公司积极推行"专业技术岗位序列"改革，在脱硫、脱硝等 8 个专业开展了专业技术首席专家评选，为科研技术人员提供了更为广阔的发展舞台；三是自主研发成果实现新突破。节能型高效脱硫技术、大直径套筒式玻璃钢排烟内筒等成果通过电机工程协会鉴定，整体技术性能指标均达到国际领先水平；四是奖项获取再攀新高峰。2016 年公司共有 6 项科技成果荣获行业及省部级科技奖项，数量多、质量高，创造了科技获奖历史新高峰。其中多污染物协同一体化脱除技术荣获中国电力科学技术进步三等奖；脱硝催化剂装置成套技术研究荣获中国电力创新二等奖；尿素催化水解制氨技术荣获全国电力职工技术一等奖、SNCR 脱硝技术荣获二等奖；环保核心设备关键技术研究及应用荣获中国机械工业科学技术进步一等奖；脱硝催化剂国产化荣获第八届中国技术市场金桥奖。另外，公司 5 项科技成果入选集团公司年度优秀科技成果授奖名单，荣获一等奖 1 项、三等奖 4 项；五是科研基础工作取得新成绩。全年公司新增专利授权 161 项，其中发明专利 21 项；主编行业标准 1 项，参编国际标准 1 项、国家及行业标准 4 项，超额完成集团公司考核任务。2016 年，共有公司主编的 1 项国际标准、1 项国家标准及参编的 4 项国家及行业标准颁布实施，其中由南京环保主编的 IEEE 标准《火电厂烟气脱硝平板式催化剂》的实施有效地填补了该类产品国际标准空白。

筑牢"扛红旗"意识。2016 年，脱硫脱硝工种首次纳入全国技能大赛竞赛项目，公司高度重视，提出"办法总比困难多""只有想不到，没有做不到""要做就做第一"目标要求，自年初便开始，竞选精兵强将，编制教程、组织培训、开展竞赛。经层层选拔，最终公司 8 名选手入选集团公司 12 人代表队。在全国行业竞赛决赛中，来自大唐、华能、华电、国电、国电投、神华、浙能、广东粤电、漳泽电力、内蒙古电力协会等 10 家单位的 29 支代表队、87 名选手展开了激烈角逐。公司 8 名参赛选手顽强拼搏、不负众望，最终摘得团体一、二、三等奖，取得"电力行业技术能手"称号。闫欢欢、张锐分获个人总成绩第一、第二名，同时获得"全国技术能手"资格，其中，闫欢欢获得"全国五一劳动奖章"荣誉。公司参赛选手的优异表现，创造了大唐集团成立以来参加国家级大赛的新纪录，为集团公司争得了荣誉。

四、文化兴起——让"扬帆起航、奋发有为"之梦成果丰硕

公司积极响应国家"一带一路"建设号召，坚定"走出去"发展，大力拓展国际环保节能产业市场，努力成为海外业务发展新桥头堡。

市场开拓初见成效。公司面对系统内发展受限，市场外竞争激烈，他们不等不靠，主动迎战，硬是拼出了一条血路。一是国内市场突飞猛进。公司积极开发系统外新能源及空冷项目，获得邵阳垃圾电站项目，并进一步拓展石化系统市场，取得胜利油田电厂湿电等外部项目；公司中标越南升龙项目，并在市政污水领域实现西宁第三、第六污水处理厂及蒙能金山污水 EPC 总包项目突破；公司取得阳西 2×1240MW 机组干渣机业绩并获得印尼棉兰干渣项目突破；

催化剂制造保持对外发展强劲势头，金额总计 1.31 亿元。通过不懈努力，2016 年公司签订系统外合同总额共计 31.18 亿元，同比增长229%。二是海外市场取得阶段成果。公司在致力建设生态中国、美丽中国的同时，坚持国际化发展方向，组建国际市场开发团队，大力发展海外市场。2016 年，公司业务已拓展至印度、越南、泰国、印尼及哈萨克斯坦等 5 个国家，业务涵盖了脱硫 EPC 项目、水务EP 项目、可再生能源 EPC 项目及干式排渣机等多个业务领域。其中，泰国 PP9 生物质电站项目，已取得安装完工证书及机组移交证书；印度古德洛尔脱硫 EPC 项目 1 号机组及公用系统，一次性通过336 小时试运行及 72 小时可靠性试验；越南升龙电厂水岛 EP 项目及印尼棉兰干渣 EP 项目也已基本完成设备制造，具备供货条件。三是"强强合作"布局初现。公司加强与国内优秀设计、建设和装备制造企业的战略合作，已与山东电力工程咨询院、上海电建、哈锅等单位签订战略合作协议，并与山东电建一公司等单位建立了全面合作伙伴关系，初步实现强强合作发展布局。

　　提质增效取得实效。公司深入推进"四个一流"（管理、技术、指标和成本一流）创建工作，攻坚克难，全面提升，成效显著。一是全面谋划战略发展规划。公司注重发展战略谋划，对各产业发展规划进行了深入讨论，制定并完善了公司 5 年发展战略规划和 3 年产业行动计划；二是全面推进低效无效资产处置。公司顺利完成华创美国项目股权处置，积极推进南京自动化资产处置，相继开展博远盛唐、兴盛唐等"僵尸企业"及五级企业整合撤并；三是全面加强投资管理与风险管控。公司 2017 年针对基建项目制定了投资管理实施细则，并对托五、蔚县等 BOO 项目开展了投资专项检查，评估重大风险 7 项、重要风险 22 项、内控缺陷 110 项；四是全面开展采购管理"双提升"专项行动。公司实现了集中采购"四统一"和全覆盖，通过"打捆招标""长协采购""年度合格供应商入围招标采购"等多种灵活集采模式，有效提升了采购效率和质量，降低了经营成本。

香港上市再谱新篇。2016 年，公司以成功上市为目标，按照集团"123"项目领导小组的部署，克服重重困难，开展大量卓有成效的工作，最终圆满实现既定目标。一是第一时间完成发行准备。自2016 年 4 月 26 日上市重启后，在前期大量申报材料过期的情况下，仅用不到 4 个月的时间就完成了全部申报材料的准备，A1 文件递交2 个月后便通过了上市聆讯，创造了同期央企项目速度之最，为把握有利发行窗口打下了基础。二是妥善解决各类监管问题。公司上下坚持目标导向、问题导向。为了及时取得境外发行核准，在集团公司的大力支持下，公司调动各种资源积极推动有关文件流转，"123"项目工作组成员更是紧盯死守证监会审批进程，最终在上市聆讯前一天的晚上 10 点顺利取得批复。依靠"咬定青山不放松"的拼搏精神，妥善解决了上市过程中的各类监管问题，为成功上市扫清了障碍，2 月完成重组，6 月完成股份改制，9 月取得中国证监会大路条，10 月通过香港联交所聆讯，11 月 15 日在香港联交所挂牌上市，让国际化之路梦想成真，让全世界见证了大唐速度。三是有力有效推进各项工作。在上市进程中，公司工作团队勠力同心、顽强拼搏，整理 20 多个大类的尽职调查资料，完成"331""630""831"三期审计，撰写和校对中英文招股说明书 1800 多页，答复联交所问题 100 余项，组织近百场投资者一对一会见，以严谨的工作作风和细致准确的材料数据为顺利上市提供了保证。

中国核电三门核电有限公司

"核安全文化"助推
AP1000 示范工程建设

一、基本概况

三门核电有限公司（简称"三门核电"或"公司"）成立于2005年4月17日，全面负责三门核电工程的建造、调试、运营和管理。三门核电工程采用美国西屋公司开发的第三代核电技术AP1000，总投资超过1000亿元人民币，规划建设6台125万千瓦的核电机组，总装机容量750万千瓦，分三期建设。一期工程总投资超过400亿元人民币，于2009年4月19日正式开工，是浙江省有史以来投资最大的单项工程，作为我国首个三代核电自主化依托项目，也是中美两国最大的能源合作项目，1号机组更是全球首台AP1000核电机组。三门核电一期工程建成后将能提供250万千瓦供电能力、年均175亿千瓦时发电量。

十余年来，三门核电始终将企业文化建设作为推动AP1000示范工程建设的有力抓手，总结摸索出适合公司发展实际的企业文化建设有效途径，以"核安全文化"为核心，充分发挥企业文化的引领、凝聚、激励、约束作用，为推动AP1000全球首堆安全优质高效建设提供不竭的精神动力。

二、企业文化建设实施背景

（一）核电站安全要求高，安全绩效需文化护航

安全是核电事业的生命线。在20世纪60年代末世界核电工业起步时，核电从业人员对核安全的关注重点放在技术方面，但三里岛核事故和切尔诺贝利核事故深刻揭示出安全文化的重要性。核电厂设计虽然采取了纵深防御和严格管理的原则和方法，但这些措施都需要通过人来实施、改进和完善，因此，从最终意义上来讲，只有每一位员工充分认识到自己安全责任的重要性，并将安全意识贯彻到实际工作当中，才能确保核电厂的安全运行。可以说，安全文化建设对核电企业来说至关重要，入脑入心的安全文化能促使每一位核电从业人员成为保卫核安全的坚固屏障。

（二）全球首堆挑战不断，员工士气需文化鼓舞

三门核电 1 号机组作为 AP1000 全球首堆示范工程，使命光荣，责任重大。但同时，由于 AP1000 设计首次运用于工程实践，1 号机组开工伊始就面临设计和设备滞后、项目管理模式复杂、承包商经验和资源不足、核岛合同约束手段有限等各方面的困难和挑战。面对工程拖期的现实，如何坚定广大员工建好全球首堆的自信心和自豪感，凝聚起攻坚克难的强大动力，成为一项重要课题，企业文化的鼓舞、激励作用为解决这个难题提供了重要途径。

（三）公司职工队伍年轻，员工成长需文化引领

三门核电在建设调试过程中，积累了丰富的三代核电设计、制造、施工、调试经验，培养了大批优秀人才。公司现有员工 1200 多人，平均年龄 30.8 岁，本科以上学历员工占 96%。年轻员工思维活跃，需求多元，创造力强，正处于价值观养成、职场规范形成、工作经验积累、业务素质提升的关键期，在三门核电迎难而上、攻坚克难的大背景下，更需要强有力的企业文化对公司员工进行思想引领、凝聚力量。

（四）公司环境相对独立，员工生活需文化服务

三门核电项目地处三门湾畔，大部分员工工作生活都集中在工程现场这样一个相对独立和封闭的环境中。三门当地教育、医疗、交通和生活环境等与大中城市相比有一些差距，导致员工对环境不适应，缺乏认同感，而公司员工来自五湖四海，队伍又非常年轻，受婚恋、子女就学及离乡和亲情等方面的困扰，很容易造成归属感的缺失，这些都为企业文化发挥其提升员工认同感和归属感、构建和谐职工队伍的作用提供了用武之地。

三、内涵和主要创新点

（一）企业文化内涵

企业文化是企业发展的灵魂，三门核电将先进的企业文化视作持续发展的精神支柱、动力源泉和企业核心竞争力的重要组成部

分，着力打造独具特色的三门核电文化。三门核电企业文化以核安全文化为基石，以核工业文化为根本，以中华优秀传统文化为源泉，以追求卓越为导向，以地域文化为特色，以国际一流为目标，为推动 AP1000 世界首堆安全优质高效建设提供了精神动力。在持续发展的过程中，公司积极探索各种先进的管理经验，总结摸索出适合公司发展实际的企业文化建设有效途径，不断提升企业文化建设水平，一是培育特色文化理念体系，以价值引领铸就文化之魂；二是搭建组织机构和制度体系，以规范管理推动文化发展；三是打造卓越核安全文化，以安全实效凸显文化优势；四是建设多样化子文化，以整体联动创建"大文化"格局；五是实施三大文化工程，以丰富活动保障文化落地，充分发挥企业文化的引领力、执行力、竞争力、推动力、影响力和凝聚力，实现以文化促安全、以文化促发展的目标。

（二）主要创新点

1. 培育特色文化理念体系，以价值引领铸就文化之魂

企业文化是企业追求、企业信仰、经营理念、价值观念、行为方式、行为准则和思维方式等的综合体现。好的文化理念就像一个无形的指挥棒，让员工自觉地按照公司要求去做人做事，为员工提供方向方法，这就是企业文化的引领功能。

精心提炼，培育特色文化理念体系。三门核电高度重视文化理念的培育，经过十余年的摸索和实践，形成了特色鲜明的文化理念体系，根据核电企业的特殊性明确公司核心文化为"核安全文化"，奉行"安全是事业的生命线"的最高准则，在此基础上提出并自觉践行"两个永远"（安全永远作为工作的重中之重，安全永远视为工作的薄弱环节）的安全理念；勇敢担当起"建好全球第一，打造示范工程，引领核电发展"的企业使命；并且在"四个一切"（事业高于一切，责任重于一切，严细融入一切，进取成就一切）核工业精神的基础上，提炼出以"正直、责任、奉献、共享"为主题的企业共同价值观；培育"精细严实、高度敏感、一次把事情做对、一次

把事情做好"的良好工作习惯。在此基础上，通过丰富多彩的宣传和文化活动，充分发挥文化引领公司发展、凝聚员工队伍的作用。

与时俱进，不断丰富文化内涵。企业的文化总是在不断适应环境，吐故纳新，遵循文化的积累、传播和变革规律，不断演进与成长。三门核电的企业文化理念体系也在工程建设的不断推进中进行丰富完善，例如，公司总经理部的工作期望正在逐步发展成为公司文化理念的重要组成部分，它为全体员工提供了工作方法指导，在三门核电工程调试攻坚阶段，公司将总经理部提出的"精细严实，一次把事情做好""充分准备，一丝不苟，万无一失，一次成功""培训严谨、操作规范、技能过硬、素养优秀"等工作理念作为公司文化的一部分，制作精美的企业文化海报，通过员工电脑桌面、屏保进行宣传推广，较好地贯彻了公司工作要求，为公司中心工作的顺利推进提供了强大精神动力。

2. 搭建组织机构和制度体系，以规范管理推动文化发展

企业文化是企业管理的重要组成部分，和企业执行力有着密不可分的关系，为了使企业文化理念落地生根，并形成长效机制，三门核电做好组织机构保障，并将企业文化理念融入各项管理制度和操作流程中，通过制度建设推动企业文化建设，提供企业执行力的思想保障，打造企业执行力的行为基础。

2006 年 12 月，三门核电发布了《企业文化建设大纲》，明确各级组织的职责和任务，制定公司企业文化建设远景目标；2011 年，发布了企业文化建设"十二五"发展规划；2015 年，又编制了企业文化建设"十三五"发展规划，并每年发布企业文化建设年度工作计划，从制度、程序层面进一步细化目标，明确责任，确保了企业文化理念的落地过程处于连续的可控状态，有效地推动了企业文化建设工作的深入开展；2016 年，成立了企业文化建设领导小组，全面组织和领导公司企业文化建设工作，搭建起以党委书记和总经理为主导、企业文化建设领导小组办公室为主体、各部门企业文化建设联络员队伍为支撑的立体工作网络。

3. 打造卓越核安全文化，以安全实效凸显文化优势

在核电事业的发展过程中，三门核电肩负的"核安全"责任重如泰山，因此，公司上下形成共识，明确提出把核安全文化作为公司的核心文化，坚持近期与长远、治标与治本、预防与查处相结合的安全工作原则，为工程建设的顺利推进保驾护航。

为了加强核安全文化建设，三门核电以"卓越核安全文化的十大原则"作为安全指导思想、以 13 个人员绩效工具为全体员工的行动指南，要求相关部门在工作中倡导员工践行核安全文化十大原则、按照核安全文化十大原则的特征细化开展相关工作，养成重视安全的工作作风、工作态度及思维习惯，将安全文化根植于每个人的思想和行动中，促进电站安全水平的提升。

全员参与安全管理已经成为三门核电安全文化建设的鲜明特点。"中层领导上讲台"管理程序培训、《每周安全关注》学习机制、总经理走进文化大讲堂讲解核安全文化、各级领导现场管理巡视等活动都有效体现了领导的安全表率作用。纠正行动大纲机制、"安全生产月""百日安全无事故""安康杯竞赛""重点工程立功竞赛""核安全文化知识竞赛"等安全生产活动，把全员安全教育融入工程建设和企业管理的全过程中。公司各部门也在统一理念下积极开展丰富多彩的安全文化建设活动，例如，工程管理处采用专职安全员＋项目负责人方式，深入推进人人都是安全员的理念；运行处推进人员绩效工具事件时钟的应用，使运行人员了解最近发生的事件，并保持对无事件天数和人员绩效工具的关注；维修处开展班组安全建设活动，将"抓班组建设、建核心维修能力"作为处室重点工作，积极发挥各班组主动性，规范班组安全管理各项工作。

自国务院 2004 年 7 月批准立项至今，三门核电已经连续 13 年以上未发生重伤及以上人身伤亡事故和重大设备事故。

4. 建设多样化子文化，以整体联动创建"大文化"格局

子文化建设是企业文化成功落地的必由之路，也是企业核心理念融入生产经营管理全过程的有效途径，三门核电坚持"一主多元"

的企业文化格局，按照"上下互动，整体联动"的工作原则，充分调动各部门的积极性和创造力，搭建了以企业文化为统领，以安全文化、质量文化、廉洁文化、风险管理文化、精益管理文化、部门文化和班组文化等子文化为展开，统分结合、有机联系、各具功能的企业文化体系，形成强大的整体合力。

在安全质量文化建设方面，公司定期组织开展质量管理小组（QC小组）成果发表会、"4·6"安全生产日、安全生产月、质量月等安全质量文化宣教活动，有效增强全员安全质量意识；在廉洁文化建设方面，公司每年开展反腐倡廉教育月主题活动，经常性地组织作风建设和警示教育活动，通过播放警示教育片、举办廉洁文化讲座等形式，营造廉洁从业氛围；此外，公司结合管理提升要求，积极推进风险管理文化和成本精益管理文化建设，定期开展全面风险管理评估，深入开展全员、全成本、全流程的多维度成本精益理念宣贯，进一步强化全员精益管理意识和各级领导的责任承担意识。同时，公司鼓励各部门和班组自主开展部门文化和班组文化建设，如"快人快语"部门演讲、"调试之星"评选、维修充电站、书香财务、文化政工等活动，有效激发了各部门和班组文化建设的积极性，形成全员参与、齐头并进的生动局面。

5. 实施三大文化工程，以丰富活动保障文化落地

一是大力实施文化传播工程，建设文化阵地，提升文化认知度。公司建立起文化传播长效机制，充分利用《三门核电》报纸、网站、展板、微信、视频等平台作为企业文化的传播工具，提升员工对企业文化的认知度。例如，在《三门核电》上开辟文化专版和专栏、出版核安全文化专刊，为塑造企业良好形象、加强内部沟通、提升员工自豪感发挥作用；运营好官方微信，创新传播手段，制作趣味性强、充满正能量的微信作品。此外，公司积极拓展外部媒体宣传渠道，对外树立良好的企业形象，并依托公众展厅资源，将工业旅游作为展示企业形象的重要手段，打造公众开放日、家属开放日等精品文化工程，得到公众和家属的广泛好评。

二是大力实施文化落地工程，讲好核电故事，提升文化认同度。讲故事是企业文化实战中强有力的工具，是文化传播的重要载体。公司高度重视"身边人，身边事"的挖掘与传播，讲好三门核电故事，弘扬首堆精神，凝聚推动发展的正能量。例如，策划"三门核电人的一天"系列宣传，整合运用网站、报纸、展板、微信等多种手段，图文并茂地讲述三门核电"四大战役"中平凡而感人的故事，使劳动光荣、知识崇高、人才宝贵、创造伟大成为企业的新时尚。

三是大力实施文化服务工程，开展丰富活动，提升文化美誉度。首先，为了培育优秀企业文化，创建公司文化品牌，三门核电于2013年策划了三门核电文化大讲堂活动，目前已举办核安全文化培训、法律培训近30次主题活动，为员工献上丰富的文化大餐。其次，公司注重建设学习型企业，提升员工能力素质。公司党委坚持理论中心组定期学习，每年筹集专项费用用于学习型党组织建设，以党支部为单位开展读书活动。三门核电通过设立阅览室、组织英语角、举办业务讲座、对员工进修提供经费和时间支持等实际行动，在企业内部营造了浓厚的学习氛围。此外，公司不断丰富员工文化生活，促进和谐文化建设。三门核电成立了乒乓球协会、篮球协会、足球协会、羽毛球协会、摄影协会等民间组织，以群众性文体活动为载体，使公司员工在丰富多彩的文体活动中受到感染和熏陶。公司积极组织开展以公司企业文化理念为主题的文艺晚会，并在职工文体比赛中重视文化理念的传播，极大地丰富了公司企业文化建设的形式。

四、实施效果

企业文化建设最终的目的是提高运作效率，塑造整体形象，提升企业核心竞争力，三门核电在企业文化建设的过程中也收获了累累硕果。

（一）深度融合，助力工程安全优质高效推进

三门核电坚持把企业文化融入企业改革发展全过程、生产经营

管理各环节，渗透到公司管理制度、操作流程、工作标准中，有效发挥文化的驱动作用，促进公司管理提升，实现了文化力向生产力的转变。目前，三门核电一期工程总体进度受控，安全质量平稳，公司全体员工士气高昂，勇于担当，在重重困难和挑战中披荆斩棘，砥砺前行。

（二）以人为本，促进员工素质全面提升

三门核电坚持以人为本，用文化理念教育人，用人文关怀凝聚人，将先进的企业文化理念转化为员工的价值认同和行为习惯，促进了员工素质的全面提升。公司积极开展为员工办好事、办实事活动，及时为员工解决切身利益相关的实际困难。通过实实在在的一系列举措，切实让职工群众得到了实惠，提高了群众满意度，增强了公司凝聚力，促进了各项工作，推动了公司稳定发展。

（三）履行责任，树立企业良好的公众形象

三门核电自成立以来就一直向社会承诺，始终要做品格健全、受人尊敬的优秀企业，在确保安全优质高效建好三门核电工程的同时，积极履行和承担社会责任，服务和谐社会建设，树立了良好的企业公众形象。例如，公司积极开展核电科普宣传，十多年来，在公众科普方面投入大量人力物力财力，建设了核电展厅，每年接待大批社会各界人士前来参观考察，超过 20 万人接受了核电科普宣传，有效提升了公众对核电的认知度和接受度。

（四）荣誉创建硕果累累

三门核电在开展企业文化建设的过程中，将荣誉争创作为一项重点工作来抓，多年来获得了一系列重大荣誉。自 2012 年以来，公司先后获得中央企业金牌青年志愿服务项目、中国企业安全文化建设示范单位、中国企业安全文化建设典型案例、全国科普教育基地，2016 年"五一"前夕，三门核电有限公司更是因卓越的表现和优良的业绩被浙江省人民政府授予"浙江省模范集体"等多项荣誉称号。

华能国际长兴电厂

"三创·三兴"
文化软实力创造新价值

华能国际长兴电厂位于浙江省长兴县雉城镇，始建于1959年。2010年8月8日，根据浙江省政府节能减排工作的统一部署，两台125MW机组实施永久性关停。2013年，长兴电厂以"上大压小"方式异地建设，动态投资55亿元，机组采用国内660MW燃煤机组最高参数，后工业化设计理念，集束型方形群仓煤场、废水结晶、烟气协同治理等最新前沿技术。2014年12月，两台高效超超临界机组正式投入商业运行。

长兴电厂50多年的发展历程就是浙江电力，甚至中国电力发展的一个缩影，历经了自备电厂、地方政府参与办电、政企分开、厂网分开等重要发展历程。经历了机组关停，"走出去"创业；到新机组"落户""走回来"基建；再到顺利投产，发展"创·兴"。在企业转型爬坡的艰辛过程中，长兴电厂用文化软实力凝聚企业向心力、用文化引领企业向前发展的方向。

近年来，华能长兴电厂先后荣获了"国家优质工程金质奖""全国节能减排示范电站"等荣誉称号。2016年，9项管理和技术创新成果、13篇管理创新论文在行业和系统内获奖。长兴电厂被评为中国水利电力质量管理协会"QC活动优秀企业"。

成绩的获得，源于对文化软实力建设的坚持，并助推着企业实现领先创新。

一、文化软实力建设背景

2010年，长兴电厂关停，带来了一系列问题，如一千名员工如何安置，新项目"路条"何时能拿到……迷茫成了长兴电厂的"主基调"。在"无业"可为的情况下，"创业"文化应运而生。"创业"才能大有作为的文化意识，引领着员工共同度过企业发展瓶颈期。

自此，长兴电厂瞄准发展，形成不同时期的文化软实力建设规划目标，依据"关停""基建""投产"等阶段建设任务，出台《华能长兴电厂企业文化建设五年规划方案（滚动）》，突出重点，着眼长远。

长兴电厂基建工程处于"十二五"规划的中期，投产后将迈入"十三五"的开篇。华能集团要求长兴电厂建成"绿色示范、创新引领；国内领先、国际一流"的效益型电厂，打造成燃煤发电领域的新坐标。为捋顺基建项目发展思路，汇聚八方力量，长兴电厂文化软实力建设在公司、厂领导的高度重视下，延承"创业"文化的发展，进行基建文化的凝练工作，最终"三创"基建文化应运而生，引导全体参建人员齐心协力抓建设，共同展望美好愿景。

2014 年 12 月，两台机组提前双投，是"三创"文化软实力得以全面落地的成果。而基建转生产时间短，任务重，对职工技术技能的挑战，对企业管理水平的考验，要实现无缝衔接，必须转变思想。基于基建文化获得的管理成果，长兴电厂致力于"三创"文化的传承与发展，创建"三创·三兴"文化体系，并在机组投产后将其灌输至生产、管理等方方面面，以文化引导生产经营，全体员工共同展望"白鹭于飞绿家园，科技领先梦工厂，和谐创业新舞台"的美好愿景。

文化软实力建设就是帮助企业紧抓管理的出发点和落脚点，协助员工将上层决策贯穿于生产经营发展的全过程和各个环节，为实现企业领先创新提供坚强保障。

二、"三创·三兴"文化体系建设

长兴电厂随着企业的转型升级，瞄准工作目标，先后进行了（创业——三创——三创三兴）三个阶段的企业文化的提炼与整合。经过近 7 年的发展验证，文化软实力的建设就是一个与时俱进、审时度势的过程，就是一个不断丰富内容、深化内核的过程。长兴电厂文化软实力建设依据"萌芽""提炼""转型升级"的步骤，逐步实施推进。

创业文化——关停阶段的文化萌芽。"创业"文化的主题就是"走出去、开疆拓土"。以"建设国内一流的示范型发电企业"为中心，抓住"上大压小"项目前期工作和全员素质提高工程两条主线，不断增强干部员工的"大局意识、责任意识、攻坚意识"，全力以赴推进企业的科学发展。在"创业"文化引领下，走出去，不仅走出了浙江，更是走向了世界。

三创文化——基建阶段的文化提炼。基建"三创"文化主题包括基建核心理念、基建之道、基建之法、基建之术四个部分。其中核心理念明确了基建期的使命、愿景、方针和目标；基建之道统一了员工在基建定位、基建管理、基建安全、基建质量、基建施工、基建环境、基建协作等方面的理念。基建之法建立了基建工作的基本原则。基建之术提出了保证基础建设目标和质量的基本工具和方法。企业文化在实际工作中发挥的引领作用，成效显著。

三创三新文化——助推企业转型升级。基建结束，机组投运伊始，长兴电厂由主要领导亲自牵头，凝练出"三创·三兴"子文化品牌，并形成《长兴电厂企业文化纲要》，既传承了集团"三色文化"主题，又延续了"创新"文化、"三创"文化内涵，并提出了长电愿景和文化口号。

通过规划目标的引领和实施步骤的推进，长兴电厂形成以"三创·三兴"为内核的企业文化体系。

（一）文化内涵

1. 与三色文化一脉相承，体现了传承性

以华能三色文化为指导，长兴电厂不断凝练出"三创·三兴"的文化主题：创业是红色文化的原动力，创新是绿色文化的内驱力，创一流是蓝色文化的牵引力；兴人是红色事业的坚实基础，兴企是绿色事业的基本支撑，兴家国是蓝色事业的终极追求。"创业"文化、"三创"文化，及现阶段的"三创·三兴"文化是长电人践行华能"三色文化"的根本写照，更是长兴电厂践行华能"三色文化"的基本载体和坚强动力。

2. 与日常工作相结合，体现了落地性

长兴电厂在经过长时间的学习和观察发现，企业文化建设最大的问题是"文化理念往往流于形式，很难落地"。为此，长兴电厂在"创业"文化中提出了文化落脚点，"走出去，开疆拓土"，重点指明该阶段企业发展的重点任务与发展方向。"三创"基建文化在"创业"文化的基础上，结合基建时期特点，重点针对基建工程的可实施性，与时俱进。传承"三创"内涵，逐步建设发展成"三创·三兴"，并在"三创·三兴"建设中开发了"行为标准建设模式"，大大提高了文化理念的转化率，使得价值观的推广与日常工作结合在了一起，真正实现了知信行的三结合，有效解决了说与做两层皮的问题。

3. 与自身发展相结合，体现了整体性

长兴电厂的文化软实力建设，紧密结合企业发展所需，不断凝练文化内涵，提高感染力和亲和力，更好地激发员工的精神共鸣，与企业发展高度切合。以关停期的"创业"、基建期的"三创"发展到生产期的"三创·三兴"。在文化体系建设中巧妙应用了"创"和"兴"两大主题，"创"体现的是二次创业的主旨，"兴"则是长兴电厂"兴业"之道。

"三创"即创业、创新、创一流。

创业是长电红色事业的原动力。停产时期，创业精神引领长电人一切从零开始，筚路蓝缕，实现了长兴电厂凤凰涅槃。新的历史时期，长电人更以创业的精神和姿态，艰苦奋斗，发愤图强，为践行华能长电红色使命而不懈努力；创新是长电绿色事业的驱动力。探索新模式，建立新平台，完善新机制，变革求新，不断精进，是长电人实现科技领先、机制突破、环境优化的不竭动力之源；创一流是长电蓝色事业的牵引力。长电人将坚持以一流的文化为先导，坚持以高起点、高效率、高质量、高效益为工作方针，引领传统火电走向新时代，最终向国际一流企业看齐。

"三兴"即兴人、兴企、兴家国。

兴人是长电文化的发展基础。培养人，发展人，成就人，激发员工的积极性、主动性、创造性，华能红色事业才能星火传承、生生不息；兴企是长电文化的核心追求。发展电力事业，引领行业潮流，为华能奉献聪明才智，实现企业的可持续发展，是长电人的基本职责；兴家国是长电文化的终极愿景。只有建立与时俱进、学习创新、面向世界的蓝色华能，才能成就大家、幸福小家，助力电力报国梦想。

"白鹭于飞绿家园，科技领先梦工厂，和谐创业新舞台"是长兴电厂的企业愿景。"白鹭于飞绿家园"是为员工营造幸福生活，建设美好家园，为社会提供清洁电力能源的"绿色"追求；"科技领先梦工厂"是为促进华能成为具有国际竞争力的综合能源集团，利用高科技打造后工业化智慧型电厂的"蓝色"信念；"和谐创业新舞台"是为员工搭建创业平台，实现国有资产保值增值，书写创业新篇章的"红色"憧憬。

（二）主要做法

长兴电厂中心工作夯实文化软实力建设根基，由厂长任企业文化建设小组组长，全体领导班子亲自抓企业文化建设、提炼与推广，厂领导通过下班组、与职工面对面谈心等方式为企业文化凝练奠定基础，通过多途径，共发力，为塑造企业员工文化底蕴添砖加瓦。

文化软实力建设融入企业生产经营各项工作，在文化引领下，华能长兴电厂投产以来实现零安全生产事故，机组零非停。

1. 文化宣贯营造创建氛围

长兴电厂倾情打造文化展厅，建设文化宣讲队，形成专业参观讲解路线全景图，以此为媒介，对外宣传企业文化。文化展厅共分为"企业简介""文化导航""领导关怀""企业荣誉""美丽长电""见证岁月""华能足迹""科技领先""人企和谐"九个部分组成，每年接待的共计1000余人次。

在停车广场的墙面上绘制"文化长廊"，以文化上墙的形式展示企业形象，打造企业名片，向职工以及地方企业参观的人员传播精神文明。在办公大楼楼道里悬挂职工拍摄的摄影作品，激发职工的生活热情，以实际行动倡导"快乐工作，幸福生活"的理念。

2. 选先树型增添创建动力

文化推动企业职工"创先争优"。一流的文化培养一流的人才，结合企业"最美工人""文明先锋号""工人先锋号""长电工匠"等评优推先工作，全年坚持通过"道德大讲堂""劳模技术专家工作室""技术专家（能手）专题讲座"等载体充分发挥"传、帮、带"作用，培养企业优秀人才。结合"你认为的工匠精神"征文、"十佳青年"评选、"号手岗队"创建、"长电达人"征集等主题活动，在企业内形成"创业创新创一流"的氛围。

3. 多彩活动铸就创建阵地

为结合文化软实力建设、创建学习型企业，长兴电厂定期开展包括运行、检修、燃料、安全等各类技能竞赛比武罗列，并外聘专家作光伏发电、热电联产知识讲座，提高职工专业技能和专业知识。

长兴电厂综合办公楼设有职工文化活动中心，有羽毛球场、乒乓球台、台球桌以及跑步机等运动健身设施，在大学生宿舍生活区，建设有篮球场、足球场、网球场和羽毛球场，供职工们工余时间进行文体活动。全厂组建有 8 支文体活动队，在华能集团、股份、分公司以及县市运动会的各项赛事中都能发扬长电精神，顽强拼搏，取得荣誉。在"三创·三兴"文化的熏陶下，长兴电厂职工特色活动——"长兴电厂排舞大赛""百叶龙"表演等赛事和节目作为长电特色文体活动品牌，充分展示长电人昂扬向上的精神风貌。长兴电厂坚持创建文化阵地，推动文化软实力建设。

4. 服务社会履行创建使命

为进一步培育和践行社会主义核心价值观，落实"两学一做"，企业全力打造"文化示范"。成立科普教育和工业旅游示范基地，自2015 年起，平均年累计接待社会群体参观 1000 余人次。打造长兴电厂"白鹭公益"品牌，持续开展各类环保、帮扶救助等公益活动上百次，活动足迹遍布地方各中小学校和地方困难职工家庭。主动对接湖州市，积极参与全市公益环保项目例如"亲青筹""关爱民工""服务万民"等公益行动。长兴电厂连续 17 年开展义务献血活动，累计献血量达 20 多万毫升。与企业周边签订"双万结对 共建文明"村企共建协议，推动企业与驻地村的和谐共赢。长兴电厂在企业文化的引领下，积极践行央企使命，将讲政治贯穿到思想、工作、作风的各方面，把红色传统发扬好、把红色基因传承好，永远保持国有企业的政治属性和政治本色，全面履行社会责任。

5. 媒体注入盘活创建活力

长兴电厂在创业期、基建期以杂志、厂网为主要媒介进行文化宣贯。随着"互联网＋"的发展，长兴电厂搭建新媒体文化传播平台，以华能长兴为总指引，并设长电家园、长电运行、长电智慧团青、长兴电厂微党课等微信公众号，华能长兴电厂职工家园微博，辐射式宣传社会主义核心价值观、"两学一做"等。长兴电厂积极引导职工参与"人心和善、家庭和睦、事业和合、环境和美、社会和谐"的建设中，开展"幸福家庭"征文活动，从家庭的美事、乐事、趣事中弘扬传统美德，分享"小家"的幸福生活，传播社会和谐的正能量。

三、实施成效

自 2010 年"创业"文化奠定长兴电厂文化软实力建设基础的七年间，发展建立"三创"文化，到在"三创·三兴"的引领下，提升员工素质，加强企业内部控制，强化协作管理，从整体上提升企业效益，达到精、准、细、严。"三创·三兴"是华能长兴电厂践行华能"三色文化"的根本写照，是对"创业"文化、"三创"文化的进一步拓展和深化，是现阶段文化软实力建设的成果。华能长兴电厂充分运用文化软实力支撑企业管理。通过对文化的宣贯，并利用长电 PDCA 循环模式加以推广，让安全、质量等管理理念都在职工脑海中烙下印记。保证职工在工作中做事有计划，执行有方法，监督有原则，评估有标准，不让文化落于形式。

软实力出硬效益。以 2016 年为例，在"三创·三兴"文化体系的引领下，华能长兴电厂完成发电量 57.11 亿千瓦时，同比增长

4.8%；完成含税标煤采购单价同比下降13.67元/吨，同区域对标第一，在华能集团"提质增效"厂际竞赛中综合排名第一，获得"标杆电厂"称号。

软实力出新价值。长兴电厂在建设阶段所形成的管理创新成果《企业文化建设引领火电基建项目管理的创新与实践》《三创文化引领长电发展之路》《"三创·三兴"文化助推企业转型升级的探索与实践》等分别获得全国电力行业企业管理创新优秀论文一等奖、中国电力企业联合会电力企业文化建设优秀奖、二等奖等荣誉。脱硫废水零排放项目获得"全球年度最佳工业水处理金奖"以及全国设备创新管理一等奖。"全封闭煤仓安全检测保护系统的应用与探索"获中国电力企业管理创新与实践一等奖。通过连续7年来的文化创建经验，2016年华能长兴电厂荣获湖州市"文化车间"挂牌，并连续11年获得浙江省"文明单位"荣誉称号，长兴电厂文化创建过程及"三创·三兴"文化体系的建设、推广通过成果发布、媒体传播等方式为其他单位提供了重要的借鉴意义。

长兴电厂在面临的机遇与挑战面前，以文化软实力建设为引领，努力由电量盈利型向服务盈利型企业转变，主动把握经济新常态的特点，深入贯彻五大发展理念，落实华能集团、股份公司、浙江分公司的工作会议精神，为实现企业领先创新提供坚强保障，全面打造资产质量更优、竞争能力更强、经营效益更好、品牌形象更佳的长兴电厂可持续发展的升级版。

中国能建湖南火电建设有限公司

以文化创新
锻造"能建湘军"特色品牌

　　湖南火电成立于 1952 年，是国家建设部核准的电力工程施工总承包壹级资质企业，主要承担大型火力发电厂、核电站常规岛和辅助生产设施安装工程、钢结构和水工金属结构制作与安装工程、起重设备安装工程、管道工程施工，取得承装（修、试）电力设施类一级许可证，且是湖南省第一家拥有核电设备安装资质的企业。现有员工 4000 余人，注册资本 2.49 亿元，资产总额近 20 亿元，是湖南省百强企业，全国工程建设 AAA 级社会信用企业。2011 年 9 月 29 日，按照国家电力改革相关政策，湖南火电归属中国能源建设集团有限公司管理。

　　企业文化是企业的血脉，是企业员工的精神家园。在中国能源建设股份有限公司党委的正确领导下，多年来，中国能源建设集团湖南火电建设有限公司（以下简称"湖南火电"或"公司"）高度重视企业文化建设，坚持弘扬"两致精神"，积极宣贯和执行集团公司企业文化视觉、理念、行为三大识别系统，使企业文化内化于心、外化于行、固化于制，成为推动企业发展的不竭动力。

　　为了适应战略重组后创新发展的新形势和推进中国能建企业文化融合的新要求，湖南火电结合公司的发展历史、发展现状和发展目标，提出大力加强企业文化建设，修编文化理念，构建具有时代特点、湖南火电特质和湖湘文化特色的"能建湘军"文化体系，以全公司干部职工认同的湘军文化，实现融合发展。

一、开展文化自省，探寻文化融合

（一）分析文化融合存在的突出问题

　　为适应公司可持续发展的需要，实现企业从制度管理向文化管理过渡，公司于 2007 年聘请了中国企业文化研究会常务副会长兼秘书长孟凡驰教授等为顾问，整合提炼了企业文化，形成了以"勇于任事，敢为人先"为灵魂的"能建湘军"文化体系，并发布实施了《企业文化手册》。该手册积淀了公司丰厚的文化底蕴，对统一员工思想、凝聚人心、形成合力、促进公司持续健康发展起到了很好的作用。

归属中国能源建设集团有限公司之后，公司面临着技术、产品、人才、资源等硬件的整合，更面临着管理、文化等软件融合的严峻考验。公司党委紧紧抓住文化融合这一关键，首先进行文化自省，深入分析内外部环境因素，找出实施文化融合的共同基础。2014 年，公司决定对企业文化手册进行修编。时任公司总经理乐周礼、党委书记李维国等对修编工作高度重视，成立了修编工作小组、召开修编小组研讨会、听取意见与建议，梳理了文化融合中的突出问题。

一是视觉识别系统冲突。2011 年 9 月之前，公司归属国家电网公司管理，视觉形象系统采用国家电网公司标准。随着中国能建的 VI 发布，原企业标识不能再沿用。二是部分主要理念冲突。公司原企业精神沿用了国家电网公司的"努力超越，追求卓越"，在归属中国能建后不能再沿用国网精神，并要求在中国能建主要理念发布后，主动融入集团，对相冲突的理念进行废除。三是与时代要求相冲突。原多元产业"三不做"与时代要求不符。缺乏对风险管控、项目管理、投融资方面工作理念的描述。

（二）探寻干部职工认同的文化基础

修编工作小组集思广益，反复斟酌，形成了较为成熟和符合公司发展实际的理念，经公司企业文化建设领导小组专题评审会讨论通过。在保持原有手册的总体框架结构的基础上，进行局部修订，以中国能建的标识及文化为统领，彰显湖南火电文化传承与特色；删除了原多元产业理念，补充了项目管理、投资、风险三个辅助理念，在制度文化中增加了内部控制和风险管控内容。修订后的手册体系共分四个部分：理念文化、行为文化、形象文化、制度文化。共有十个主要理念、十二个辅助理念和高中管、一般管理人员、操作人员行为规范。

二、树立文化自信，提炼特色理念

（一）继承与发展，挖掘本质特征

"勇于任事，敢为人先"能建湘军文化的提出，基于在调研中，绝大多数员工认为，湘军是湖南人的骄傲，是战无不胜的象征，"能建湘军"是湖南火电人引以为自豪的称号，湘军精神应作为能建湘军文化的灵魂。"勇于任事，敢为人先"反映的是湖南火电人有气魄，有胆略，有强烈的责任意识，纵是千辛万苦，一旦承诺，绝不食言的诚信风格；坚忍执着，永不言败，敢想敢干，奋勇争先，不达目的，誓不罢休的英雄气概。其核心思想是"肯担当，有诚信，勇争先，敢创新"。

"勇于任事，敢为人先"诠释了湖湘文化的精髓，体现出湖南火电人非凡的气魄和胆略。在对事业和目标的奋斗中，展现出一种不畏艰辛、探索前行、勇于担当、开拓创新的精神风貌。湖南火电人敢于在激烈的市场竞争中勇立潮头，阔步前行、锐意进取、勇攀高峰。

六十载风雨同舟，湖南火电伴随着新中国一起成长，从无到有，由弱到强，历经了创业初期的艰苦磨砺和市场经济的严峻考验，实现了飞跃式的发展。六十余年的发展历程，铭刻着湖南火电的辉煌成就，是湖南火电人独有的思维模式和做事风格形成的过程，同时也是"能建湘军"孕育、生长、成熟的过程。

（二）融合与创新，提炼丰富内涵

通过对湖湘文化精粹的吸纳挖掘和对公司发展历史的分析归纳，在重新梳理后，形成了"能建湘军"特色文化体系。服务顾客，追求和谐的"共赢"文化——新的企业文化体系在原"为客户建设零缺陷工程"企业使命的基础上创新为"建设顾客满意工程"。公司的性质是施工企业，建设的工程要让顾客满意，也要社会满意。"顾客满意"既是我们服务的出发点，更是我们必须追求的目标，是公司技术实力、服务水平直接而又具体的体现。始于顾客所需，终于顾客满意，"顾客是否满意"是衡量我们一切工作成败、得失的重要标准。顾客是尊贵的，是至高无上的，对顾客的需求要高度关注，对顾客的服务要尽善尽美，顾客的选择是公司发展的前提，顾客满意是公司发展的基础。员工是企业发展的根本保障，为员工谋求福祉，实现员工价值和利益最大化是企业的基本目标。发展依靠员工，发展为了员工，发展成果由员工共享是企业的根本宗旨，员工与企业唇齿相依，一荣俱荣，一损俱损。在服务理念中，由"帮助顾客成功"创新为"助力顾客成功"。"信守合同"是我们的服务准则。顾客需要是湖南火电人服务的出发点，顾客满意是湖南火电人不懈的追求。顾客的成功是公司成功的基础，"助力顾客成功"就是一种更加积极主动的服务理念。表明湖南火电人想顾客之所想，急顾客之所急，利用自己的专业技术和工程经验特长，为顾客超前策划，排忧解难，助其成功，最终实现合作共赢。

勇于任事，敢为人先的"担当"文化——在"担当"精神的指导下，湖南火电在诸多艰苦卓绝的奋战中，不断涌现"铁军精神""吃苦精神""敢打硬战的精神"，这些精神既丰富了湖南火电的企业精神，更强化了"能建湘军"的品牌形象。在新增的项目管理理念中，强调"注重策划　过程管控　效益优先　全面履约"。以工程项目管理为对象，以项目经理负责制、经济责任制和成本核算制为基础，按照工程项目生产经营的内在规律进行有效的组织、协调、控制，在规定的时间、预算和目标范围内完成项目的各项工作，实现或超过设定的需求和期望。注重策划，凡事预则立，不预则废，项目策划是项目管理的基础。通过各种信息资料，将工程项目的预期目标进行筹划安排，将工程项目的全过程、全部目标和全部活动纳入计划，使项目在合理的工期内以较低的造价达到安全、优质、高效预期目标。过程管控是指在项目管理中使用一组实践方法、技术和工具来控制和改进过程的效果、效率和适应性，使其达到预期目标。效益优先是企业管理的共同目标，包括企业的经济效益、社会效益和生态效益。全面履约是指项目管理责任人要尽职尽责、全面履行合同和责任书的约定，既保证项目工程目标的实现，又通过日常的项目管理建立良好的团队、合作关系，提高企业的美誉度。

敢想敢做，善做善成的"创新"文化——湖南火电开展了管理创新、科技创新、商业模式创新等各项创新活动。积极推进战略转型，推动商业模式创新。投资拉动稳步推进。新增的"抢抓机遇，科学决策，效益优先，量力而行"投资理念强调，在激烈的市场竞争中，企业如"逆水行舟，不进则退"，必须不断地拓展领域，寻求新的经济增长点。抢抓机遇，是指深入市场，对项目信息进行跟踪，先发制人，抓住一切有利时机。决策的正确与否，直接决定着投资的得失成败，关系到公司的发展前景，决策层必须审时度势，科学地制定和实施决策。对项目投资进行分析、评估、筛选，谨慎考虑投资项目是否为企业和社会带来利润及长远影响。企业根据自身的资源配置及经济实力，结合投资项目的可行性进行权衡考虑、取舍。

心系员工，服务社会的"人本"文化——企业的每一项决策、每一次变革都充分体现了企业领导心系员工、以人为本的情怀。人本文化已经渗透到湖南火电的每一个管理细节。湖南火电作为 20 世纪 50 年代创建的电力施工企业，走过了十分艰苦的岁月，"矮工棚、茅草房、拉着板车上机房"是昔日火电人生活和工作的写照。当湖南火电得到长足的发展之后，湖南火电清楚地意识到电建施工企业要想得到更好的发展，必须改善电建施工企业固有的困难，企业文化建设中的物质与精神两个层面要协调发展。新增的风险理念强调以人为本，人人有责。各级人员要重责任、讲责任、负责任，恪尽职守，牢固树立"风险处处存在，防范人人有责"的风险责任意识；建立健全以风险管理为导向的内部控制体系，大力开展风险管理文化建设，让"重责任，强内控，防风险"成为每个员工的自觉意识和行为向导。今天的湖南火电人有一种"我是湖南火电人"的自豪感、归属感，湖南火电美好的未来前景让火电人心齐、气正，充满了对企业发展的强大信心。

三、推动文化自觉，实现科学发展

经过几年来不间断的培育活动，企业内上下同欲、和衷共济的和谐氛围已经形成，以"勇于任事，敢为人先"为灵魂的企业文化体系已经深植于员工心中。

（一）文化促进转型升级

湖南火电坚持适度超前的市场开发战略，把巩固和开拓市场作为公司一项长期性的重点工作来抓。理性应对市场波动，积极推进结构调整，形成了施工总承包主业稳步拓展、国际国内二元市场统筹推进、上中下游业务协调发展、产品结构日趋完善的良好局面。加大对输变电业务、电厂运行检修业务、风电和生物质等新能源业务、国际业务的开拓力度，积极推行内部模拟市场，规范职工投资企业管理，策划投资兴业工作，探索"以市场机制为基础，以联合、联营体为主要特征"的协同总承包模式，顺利完成公司制改造，统筹实施三项制度改革，建立健全适应市场竞争的管理体制和运行机制，努力实现管理升级，有效提高了运营效率，为公司发展注入了活力。2016年完成新签合同额41.9亿元，完成营业收入32.43亿元，分别是2011年的2.1倍、1.65倍。5年共完成新签合同额213.8亿元，完成营业收入158.66亿元，利润1.5亿元，共投产容量18686.62MW，主要经济指标始终位居股份公司前列。

（二）文化推动管理提升

在企业文化的统领下，湖南火电深入开展"项目管理年""技能培训年""管理提升""成本费用降低一个百分点""市场攻坚""品牌建设三年行动计划"等管理主题活动，强推全面预算、完善内控体系，推进工程项目精细化管理，优化管理流程，狠抓安全质量、加强成本控制，提升了企业发展质量。完善了资产权属，甩掉了历史包袱，建立起规范的法人治理结构，并成功将公司注册资本金追加至2.49亿元，为公司的持续健康发展奠定了坚实的制度基础。进行组织机构重整，压缩总部机构与人员，对专业公司、分子公司和直管项目部等二级机构的经营性质及模式进行重新定位；完成了所有管理、技术、生产、服务岗位人员的竞聘上岗，实现员工与岗位的优化组合；出台新的绩效管理制度和薪酬管理办法，全面实行全员绩效管理，建立多元化薪酬结构，实行岗位职级工资制薪酬体系，对二级机构负责人实行与其经营考核模式相适应的目标年薪制，增进薪酬与岗位责任的契合度。顺应战略调整及内外部形势变化，对企业文化手册、管理标准、工作标准、项目管理手册、三标体系文件重新审视，进一步完善了管理制度体系建设，为战略引领与依法治企奠定了基础，进一步提升了公司规范化、制度化、标准化管理水平。

（三）文化增添行业优势

湖南火电以重点工程为依托，全面提升百万千瓦超超临界机组、新能源建设等关键领域的施工技术和装备实力，优质高效地完成了广东平海、惠来、湖南宝庆电厂、越南沿海、印度海萨等重难点工程建设任务。获得国家级工法，专利、软件著作权逾 50 余项，省部级、国家级技术创新 30 余项。5 年来，共有 3 项工程荣获"电力行业优质工程奖"，3 项工程荣获"国家优质工程奖"。先后获得"国家优质工程奖设立三十周年先进单位""全国优秀施工企业""全国施工企业信用评价 AAA 信用企业""湖南省文明单位"等荣誉，公司承建的国电湖南宝庆电厂一期 2×660MW 机组工程获得2012～2013 年度中国建设工程鲁班奖，并入选"改革开放 35 年百项经典暨精品工程"，实现了全国建筑行业最高质量荣誉零的突破。

（四）文化提升职工素质

湖南火电坚持"岗位优秀即人才"的理念，大力发扬工匠精神，积极宣传劳模精神，先进典型人物事迹不断涌现。"周建雄劳模创新工作室"获湖南省"示范劳模创新工作室"称号；高级技师、国际焊接专家、焊王之王、全国劳模周建雄担任总教练的中国能建代表队在 2016（第四届）北京"嘉克杯"国际焊接技能大赛中荣获团体铜奖；杨文武取得"嘉克杯"国际焊接技能大赛成人组成品件焊接个人第三名，并获湖南省 2016 年"十佳状元、百优工匠"焊接专业冠军；公司代表队获得第四届"徐工杯"全国吊装技能竞赛"团体成绩优胜奖"（第八名）、"团体最佳风尚奖"，公司员工邓思雷获"个人优胜奖"（第十名）。

（五）文化拓展品牌内涵

湖南火电积极践行中国能建"能者善为，建则善成"的核心价值观和"共赢致和，行稳致远"的企业精神，宣贯并力促中国能建核心理念和行为准则落地生根，坚持"文化统领全局，战略指引方向，制度规范运营"，高度重视企业文化建设，做实企业文化管理，适时修编、改版升级公司形象片和企业画册，使之成为推广公司品牌形象的两张"新名片"；企业文化展厅设计新颖，参观频率高，成为重要来访客人了解公司的"形象窗口"；不断创新宣传载体的内容和形式，通过报纸、网络、视频、微信四位一体的宣传平台，积极传播正能量，充分展现了湖南火电人勤劳肯干、精益求精、诚实守信的精神风貌。将企业文化氛围营造体现到日常工作场所的方方面面，从公司总部大楼楼顶标识、地标设计，到办公大楼各楼层、会议室内外企业文化理念的精心镶嵌、装点，体现了企业文化的内涵和外延。通过专题宣贯、专题培训和道德讲堂等活动让企业文化落地生根。公司先后获得"企业文化建设典范企业""'互联网＋时代'企业文化创新优秀单位""湖南省创新企业文化建设示范基地"等荣誉称号，2人获得省部级以上企业文化建设先进工作者称号。

通过企业文化的重塑、融合、创新，湖南火电正走在持续健康发展的康庄大道上。未来，湖南火电将着力品牌建设，立足三湘四水，放眼全球，为社会不断创造价值和幸福。

南方电网贵州电网公司毕节供电局

"绿叶工程"文化品牌
护航企业大发展

毕节供电局是南方电网贵州省公司下属市级供电企业，位于全国"开发扶贫、生态建设、人口控制"试验区的贵州省毕节市，承担着七县三区约 207 万户用户的供电服务工作。身处毕节试验区这个独特的区位和自然、人文环境中，在南方电网公司企业文化的统一规划下，毕节供电局坚持不懈谋发展，持之以恒抓管理，不断发展壮大，逐步规范各方面的工作，干部员工执行力得到大幅提高，企业凝聚力和感召力进一步增强，依法治企、管理强企能力有了大幅提升，也逐步凝结成了符合毕节供电局发展实际的管理思想、文化传统、工作理念和企业精神。

一、"绿叶工程"文化品牌提出的背景

2009 年，在经过大量调研、访谈、分析之后，毕节供电局初步建立起了有效承接南网企业文化核心内容的文化建设体系——"绿叶工程"。确立"绿叶工程"企业文化建设品牌，符合以下四个层面的需求：**一是结合地域特色**。1988 年，时任贵州省委书记的胡锦涛同志提出、国务院批准建立"开发扶贫、生态建设、人口控制"毕节试验区，经过 20 多年的发展，毕节已构造起了"无山不绿，有水皆清，四时花香，万壑争鸣"的生态美好景致，四季常青的植被，让"绿色"成了毕节试验区的主色调。**二是结合行业特点**。作为电网企业，南方电网公司肩负着为区域生态文明建设和"美丽中国"建设贡献绿色力量的责任，提出了"打造安全、可靠、绿色、高效的智能电网，成为引领发展、广受尊敬的卓越企业"的企业愿景，"绿色"成为电网发展的主旋律。**三是结合绿叶特质**。毕节供电局隶属于南方电网公司，是南方电网公司这棵参天大树上的一片绿叶，大树为绿叶输送养分，绿叶为大树转化能量，绿叶与大树血脉相通、相依相存、枯荣与共。**四是结合企业实际**。在对企业文化诊断分析的基础上，将南网企业文化的基本内容与"绿叶工程"的内涵有机对接，以培育责任为起点、以高效执行为关键、以团队协作为保障、以员工成长为动力、以优质服务为灵魂，提出蕴含责任、执行、团

队、成长、服务五项内容的"绿叶工程"企业文化建设体系。"绿叶工程"企业文化建设初具雏形。

二、建设"绿叶工程"文化体系

2011年，根据南网文化中"学习型企业建设、安全、服务、廉洁、法治文化建设、班组文化建设、幸福南网建设"要求，形成了"绿叶安心（安全文化）、绿叶暖心（服务文化）、绿叶清心（廉洁、法治文化）、绿叶润心（幸福南网建设）、光合作用（学习型企业建设、班组文化）"的"四心一光合"行动，按照"一体化、体系化、常态化、特色化"的"四化"工作思路进行推进，科学处理集团文化与"绿叶工程"的母子文化关系，注重文化建设工作的协作性、均衡性与整体性，在坚持统一的核心价值、框架体系、文化评价的前提下，结合实际，创造特色转化路径，形成特色文化管理模式，打造特色的工作品牌，形成既有统一性、又有丰富性、和而不同的文化生态，形成各项专业文化都有特色做法或工作品牌，传承、丰富、落地南网各项子文化建设，以工作品牌和特色做法提升工作水平，促进企业文化融入管理、切入业务、植入行为。"绿叶工程"文化建设渐成体系，开枝散叶。

2016年，南方电网公司价值观体系——《南网总纲》正式下发，为更好践行南方电网公司价值观体系，让企业文化建设成为推动适应新时期企业改革发展的软实力，毕节供电局立足于"促进文化深植与传播"以及"抓好文化保障与评价"这两个目的，形成了"绿荫"行动、"园丁"行动，协同"四心一光合"行动，涵盖企业文化建设"深植与传播""转化与落地""保障与评价"全过程，成为"绿叶工程"三大实施内容和活动载体。通过文化培训、文化活动、文化展示、文化示范等，做好南网价值观体系的传导，深植文化"基因"，同时充分利用外显识别系统宣传企业文化理念的内涵，交流参与文化建设心得，探讨文化推广与深植，通过保障体系和评价体系的建立，形成企业文化主管部门负责组织、各职能部门分工落实、全体员工广泛参与的工作体系。"绿叶工程"文化建设体系更加成熟，根深叶茂。

"绿叶工程"通过"绿荫"行动、"四心一光合"行动、"园丁"行动，涵盖企业文化建设"深植与传播""转化与落地""保障与评价"全过程。

（一）实施"绿荫"行动，开展文化深植与传播

以《南网总纲》整体宣贯为核心，深植公司价值观。通过文化培训、文化活动、文化展示、文化示范等，做好南网价值观体系的传导，深植文化"基因"，培育"绿叶对根的情意"，强化员工恪尽职守、忠诚敬业的使命感与积极性，指引员工秉承"人民电业为人民"的企业宗旨，"勇于变革，乐于奉献"，传递和维护好"万家灯火　南网情深"的品牌形象。

1. 文化"播种"：针对全体员工，开展《南网总纲》"必修课"

把企业文化培训继续纳入全员必修课程，通过专题培训、中心组学习、政治学习、党团课、体验式学习等形式全面组织学习《南网总纲》，让《总纲》内容入脑入心。针对新员工，开展"绿叶相伴成长之——入企第一课"企业文化系列培训，让新员工全面系统地认识南网价值观体系，为下一步融入企业、适应职场打好基础。

2. 文化"萌芽"：开展"南网故事会"主题系列活动

邀请系统内受过表彰、具有代表性的优秀员工到局里开展座谈，结合《总纲》分享自己工作中的小故事，引导员工树立正确的人生观和价值观，更好地践行《总纲》的要求。开展"南网有我更精彩"主题系列活动，发挥文体协会的作用，通过读书活动、演讲比赛、摄影大赛等文体活动，让《总纲》进一步深入人心，营造爱企敬业的氛围。

3. 文化"成果"：规划建设"绿叶工程"文化综合展馆，展现毕节电网发展历史，传播企业文化

建设安全、廉洁、法治、服务等企业子文化长廊。广泛利用报刊、网站、微博等对企业文化进行宣贯。建立"绿叶成果库"，各

级示范点及时总结"绿叶工程"的典型经验，按照"案例名称、单位名称、案例背景、主要做法、典型经验与实施成效"的格式，整理为典型案例并上报。抓好"幸福南网之毕节供电"微信平台的建设。建立企业文化示范单位评选、管理制度，按照逐级推进、分级管理的原则，在县级供电企业和基层班组开展企业文化示范点建设。

（二）实施"四心一光合"五项行动，促进文化转化与落地

1. "绿叶安心"保安全：绿叶象征守护安全

绿叶是大树最基本的单元，叶聚成荫，维系大树的生机，守护大树的生命。通过"绿叶安心"安全行动，将"一切事故都可以预防"的理念融入日常行为，为企业发展筑牢安全防线。一是推进安全风险管理体系"筑安心"。以安全风险管理体系达四钻为目标，重点从人、设备、管理三要素着手，通过前期的安全理念导入、量化细分体系相关指标等方式，运用现代评价、诊断、风险评估技术和系统工程的原理和方法，全面系统地进行安全管理。二是实施"安全心起航"员工辅导计划"保安心"。将员工辅导计划融入安全生产管理全过程，加强员工心理风险识别和防范，提高全员安全意识，引导安全行为，培养安全习惯，将思想宣传工作融入中心，服务大局，发挥党建思想政治工作保障作用。三是开展安全主题实践活动"促安心"，以现有安全文化为基础，通过安全环境和氛围营造、安全培训与学习、安全主题活动等措施或方法，推动企业安全文化向更优秀、更符合企业期望的方向发展，为企业发展筑牢安全防线。

2. "绿叶暖心"提服务：绿叶象征倾力服务

绿叶是春日的信使，是酷暑的清凉，绿叶美化人类生活，净化自然环境。"绿叶暖心"服务行动，承载"以客为尊　和谐共赢"的服务理念。一是以"绿叶暖心·情系试验区"行动服务客户。认真履行"主动承担三大（政治、社会、经济）责任，全力做好电力供应"的使命，切实加强服务文化建设，情系电力客户，通过"五走

进"等活动方式为广大客户提供更加优质高效的服务。二是通过青年志愿者"绿叶服务队"服务特殊群体。立足毕节试验区是扶贫主战场的实际，通过青年志愿者"绿叶服务队"积极开展非电项目帮扶，树立良好的青年志愿者社会品牌和企业主动承担社会责任的良好形象。

3. "绿叶润心"显关爱：绿叶象征团结协作

叶脉与树皮的韧皮部构成一个有机的循环系统，折射了毕节供电人团队协作、顺畅沟通的状态。通过"绿叶润心"员工关爱行动，践行"忠诚干净担当 共建幸福南网"的团队理念，营造和谐的发展环境。以提升员工"职业生活、健康状况、财务状况、社交关系、社会环境"五大幸福感为目标，以"播幸福、传幸福、给幸福、话幸福、展幸福"为五条主线，搭建"幸福课堂""幸福使者""幸福驿站""幸福展墙""幸福家园"五大实施载体，关爱员工，促进幸福团队建设在基层真正落地。同时把中央关于离退休人员"两个待遇"安排的各项任务落到实处，引导离退休人员传递向上向善的精神力量，为企业的发展增添正能量。

4. "绿叶清心"扬正气：绿叶象征自我净化

绿叶只有经过阳光的照耀，才能健康生长，承载了在阳光下"知法于心 守法于行"的法治理念，努力养成"诚信做人 规矩做事"的行为理念。以"绿叶清心"正气行动为载体，推进法制文化与廉洁文化建设。一是开展"法贵知行"法治文化建设。从法治保障、法治意识、法治能力、法治习惯、法治环境、法治形象六大要素着手，通过理念引领制度、制度规范行为、行为养成习惯、习惯塑造文化的法治理念转化过程，将法治文化建设融入企业管理全过程，融入全员思想行动中，形成全员主动尊法、学法、守法、用法的法治文化氛围，打造具有社会影响力和美誉度的法治文化品牌。二是开展"影子·眼睛伴我行"廉洁文化建设。以发挥纪检监察的"影子"作用、审计的"眼睛"作用为核心，开展"影子·眼睛伴我行"廉洁文化建设。通过发挥纪检监察部门的"影子"作用和审计部门的"眼睛"作用，探寻教育、制度、监督体系建设与强化干部员工自律意识与自身修养有机统一的有效途径，逐步由"事后处理"转向"事前预防"，从"制度管理"走向"文化管理"，最终实现"要我廉洁"向"我要廉洁"的根本转变。

5. "光合作用"促成长：绿叶象征茁壮成长

绿叶日复一日进行着光合作用，转化能量，让大树茁壮成长。绿叶蕴含了不断成长、持续创新的精神。一是培育"人才树"，以"牵手共促"不断推动员工成长。建立以"枝脉"（职业发展规划）、树冠（专业带头人）、树干（后备专家）、树叶（近三年新入企员工）为架构的"人才树"，分门别类开展培养；以打通党建服务中心"最后一公里"为主线，实施"牵手共促"系统工程，党委搭台、支部牵手、互建互促，围绕"人"这个关键因素，开展"定制式"上挂学习，培养"岗位尖兵"，实现人才培养由"输血式"向"造血式"转变。二是开展"绿叶相伴成长"系列活动凝聚青年员工。以员工培训基地为重要硬件支撑平台，实施员工成长工程。通过建设学习型企业提升发展能力。通过"光合作用"成长论坛，一期一个主题，通过座谈研讨、内部讲坛等方式，就如何推进毕节电网跨越式发展、如何帮助青年人才成长等问题各抒己见、畅谈体会。三是建设"三型"班组，推进班组文化建设。以激活"绿叶"细胞、建设"三型班组"（安全型、服务型、幸福型）为主要内容，深入推进班组文化建设。将企业先进的管理方法、科学的管理制度、优秀的文化理念等贯彻落实到基层一线职工，城区分局客户服务中心"三XIN班组"、海子街供电所"幸福海洋"、平坝供电所"三湖文化"等一批传承南网文化、符合班组实际、具有时代精神、体现电网特色的班组文化逐步成长起来。

（三）实施"园丁"行动，抓好文化保障与评价

1. 发挥"园丁"的"养护"职能，夯实文化保障

从组织、制度、人才、经费四个维度，形成文化建设"有倡导、有章法、有队伍、有经费"良好氛围，促进"绿叶工程"企业文化

建设体系深入实施，取得实效。坚强的组织保障，形成了局领导全程指导、企业文化主管部门负责组织、各职能部门分工落实、全体员工广泛参与的工作体系；完善的制度保障，通过制度和流程固化"绿叶工程"建设成果，确保"绿叶工程"纵深推进；充足的人才保障，通过建立专业文化队伍、内训师队伍和辅导员队伍，为"绿叶工程"提供充足的人才保障；可靠的经费保障，将企业文化建设费用列入年度预算管理，并逐年加大经费投入，确保"绿叶工程"文化体系可视化、可衡量、可评价。

2. 发挥"园丁"的"修整"职能，做好文化评价

一是做好企业文化建设评价。每年初制定《"绿叶工程"文化建设年度工作计划》，各基层单位根据年度计划，有针对性地开展企业文化建设工作，整理及提交企业文化建设资料与案例。年中，召开"绿叶工程"实施研讨会，总结前期工作，并对后期工作作出调整。年末，由企业文化建设委员会共同对基层单位的活动实施情况进行评价、考核，并开展企业文化建设的自评工作，召开企业文化示范点评审会，评选年度企业文化示范点。将企业文化建设工作纳入党建责任制考核，示范点命名情况作为党建责任制考核加分项。二是开展客户满意度调查。开展第三方客户满意度测评，从客户的视角了解供电、用电情况和服务水平。通过开展客户满意度调查，促进内部管理，检验企业文化建设外显作用的发挥。三是开展幸福南网测评。开展幸福南网建设监控工作，动态监测企业和员工的幸福指数，阶段性地了解公司和个人的幸福状态，分析优势与不足，提出幸福提升规划和企业文化改进的重点领域，形成幸福南网工程与企业文化建设相互推动的良好机制，检验企业文化建设内促作用的成效。

三、实施成效

近 8 年来，通过"绿叶工程"企业文化体系建设，有效传承、丰富、落地南网文化的同时，促进了毕节供电局的持续健康发展，构建了"愿景同心、价值同向、制度同构、行为同轨"的南网文化

落地载体。毕节供电局售电量从 2009 年 28.84 亿千瓦时，增长至 2016 年 57.42 亿千瓦时，客户满意度逐年提升，连续三年在全市公共服务部门群众满意测评中排名第一，2016 年更以 75 分的历史新高超公司指标计划；安全生产形势平稳，未发生对社会及全局造成较大营销的电力安全事件。先后荣获"全国文明单位"、贵州省"劳动关系和谐企业"、南方电网先进基层党组织、厂务公开民主管理贯标认证达 A，安全风险体系管理认证达三钻等宝贵荣誉；全局员工也在系统内部各项技能竞赛、评先选优、岗位组竞聘中频频崭露头角，获得上级领导及兄弟单位的充分肯定，获全国性表彰 3 人，南网级表彰 30 余人次，公司级表彰近 100 余人次，营造了和谐上进的良好氛围。

"绿叶工程"文化品牌在南方电网系统内外获得较高的美誉度和知晓率，安全文化、服务文化、法治文化、廉洁文化、班组文化、团队建设等各项子文化建设呈现百花齐放、精彩纷呈的良好态势。围绕"绿叶工程"开展的各项课题研究均取得了较好成绩。

2014 年，毕节供电局作为首批企业文化示范单位获南方电网公司授牌，目前正积极筹备企业文化示范单位复核。

中国华电新疆发电有限公司乌鲁木齐热电厂

打造独具特色的
"华彩"文化体系

企业文化具有很强的凝聚、导向、激励功能，对于企业的发展至关重要。乌鲁木齐热电厂（简称"电厂"）从基建伊始，便大力倡导"文化管理"理念，按照集团公司企业文化建设"一主多元、三个统一"要求，注重建立富含本企业内涵的文化体系。

一、背景和概况

按照"大家的文化大家建""文化建设要与时代精神相结合、要与企业特点相结合、要与职工所需相结合"的构建思路，乌鲁木齐热电厂在深入领会《华电宪章》、新疆公司"越"文化理念的基础上，经过 8 年的磨合锤炼和传承创新，自主设计形成了符合时代要求、富含鲜明特色、结构较为完整的"华彩"文化体系，提出了"企业因梦想而光华、人生因奋斗而精彩"，彰显"以实干为华、以成就为彩"的思想精髓，"责任成就每个人"的价值内涵深入人心。

"华彩"文化体系分为价值、风格、理念、行为四大篇章，包括企业愿景、企业使命、核心价值观、企业精神、企业形象。结合实际工作提炼出工作、经营、安全、激励、廉洁、环保六个应用理念，并分别针对领导层、管理者和职工提出了工作行为规范。"营销市场化、成本精益化"经营理念，"做好每件事、干好每一天"工作理念，"岗位靠能力、收入靠业绩"激励理念的提出都与企业实际紧密契合，引导大家在各个岗位发挥作用。在"华彩"文化引领下，发电党支部"海阔凭鱼跃"的"海文化"、维修党支部"田野任畅想"的"田园文化"、机关党支部"欲与天公试比高"的"天山文化"均已成熟，且各具特色。

二、"华彩"文化体系过程演变

每个企业在不同的发展阶段企业文化建设也处于不同的状态。乌鲁木齐热电厂在建厂之初便有意识地通过培育优秀文化来促进企业发展，企业文化体系构建大致经历了三个阶段：

第一阶段：初始培育阶段（2008～2010 年）。2008 年电厂刚刚成立,"成就每一个人"的企业精神奠定了企业发展的基础。"华彩"文化承上启下迎着华电宪章的朝阳,深入贯彻以人为本的理念,继承吸纳了中国悠久传统意义上"青花瓷"的多彩文化思想,创新发展了经营管理的哲学思想,吸收借鉴了现代企业文化管理理念,用独有的表现形式营造出企业文化独特的魅力。

厂长、党委书记带头为全体职工开讲,进行了为期三个月的 8 个文化专题的讲授,并通过召开大学生青工见面会、劳动竞赛、文化专题大讨论等让企业文化在共同讨论中逐步探索。通过在主厂房安装大型郁金香版面,用打开的人生书卷、青花瓷、葡萄、牡丹等动植物拟人手法阐述对企业精神的理解,为职工营造轻松愉快的工作环境,在潜移默化中引导职工坚韧不拔、勤劳向上,做到文化交流的"润物细无声"。广大干部职工上下同心、众志成城。用"19 +1"的速度创造了北方严寒地区工期最短纪录,实现了"市、自治区、集团公司"文明单位创建三连跳。

第二阶段:探索和拓展阶段(2010~2012 年)。这一阶段是"华彩"文化体系之下基层文化的探索阶段,企业以融心、塑形、导行三大工程为主体,全员上下共同对企业发展进程、管理理念、职工精神需求、企业发展方向等进行了总结提炼,也为企业文化体系的进一步完善奠定了基础。电厂把企业文化建设纳入企业发展总体规划,成立了以党政一把手为组长的企业文化建设领导小组,编印下发了《企业文化手册》、专题画册,组织企业文化征文、演讲、知识竞赛、文化故事插图征集等活动,对文化理念进行宣讲。帮助职工理解企业文化,引导职工在参与活动中学习、思考、发展文化,进一步解放思想、更新观念。

2010 年,根据各部门工作实际与岗位特性,一主多元到基层,发电部"海阔凭鱼跃"的海文化、维修部"田野任畅想"的田园文化、机关部室"欲与天空试比高"的天山文化各具特色。在厂区树立"温暖、阳光、和谐、环保"象形雕塑,对三个基层文化进行阵地建设,所有文化释义均由职工自发收集归纳。这些贴近职工、贴近实际、富含深邃内容的雕塑，营造了人文关怀、和谐优雅的环境，升华了职工的职业道德理念和积极健康的生活情趣，为树立电力职工在疆形象作出了积极贡献。

第三阶段：整合和提炼阶段（2012～2017 年）。 在不断推进企业文化建设的过程中，企业越来越清晰地认识到，各项理念必须渗透到生产经营的全过程，才能形成具有自身特色、发挥实际功效的文化体系。如何将初期提出的"六个理念"更好地融入企业中心工作，电厂在广泛听取职工意见、全面总结以往文化建设经验的基础上，邀请企业文化专家对文化理念进行全面归纳创新，抓住"人"这一要素，对"华彩"文化进行进一步整合，不断丰富和延伸企业文化内涵，为企业科学发展提供持续动力。

2016 年 1 月，乌鲁木齐热电厂召开企业文化成果发布会，正式对原有的企业文化理念体系进行了全新升级，通过座谈调研、发放调查问卷、主题征文等形式，深入基层班组访谈，收集企业文化小故事，充分调动广大员工积极参与文化建设。经过多次修改提升整合，重点对原有文化理念、企业使命、价值观、管理理念、员工综合行为规范等方面进行了完善和升级。提出将分阶段、有重点地推进专项文化建设，如工作原则、经营理念、安全理念、环保理念等，促进企业文化理念与生产经营管理有效融合，以共同的行为准则规范全体员工行为，确保核心价值理念变成广大干部员工的自觉行为，实现企业管理由制度管理向文化管理的跨越，进一步提高企业的基础管理水平，力求通过文化软实力助力企业管理水平提升，积极应对当前错综复杂的安全生产经营形势。

三、"华彩"文化体系运作实践

（一）"融心"工程：以人为本凝聚发展合力

建厂之初，在《华电宪章》引导下，电厂针对工程建设中缺经验、人员少、时间紧等诸多困难，及时提出了一系列子文化体系，用文化凝聚来自五湖四海的职工，形成共同理想，造就了精品工程。

工作理念凝聚合力。在"做好每件事、干好每一天"工作理念指引下，工程建设和安全文明生产中，企业用温暖的文化凝聚人，与参建单位积极沟通，讲明工程建设的重要意义、协调技术质量要求，与参加单位签订了《和谐工地书》，先后组织了"大干100天"和"120天大会战"劳动竞赛，营造了"比学赶帮超"的竞赛氛围。在工程建设的冲刺阶段，工程管理人员更是天天吃住在工地，以身作则、身体力行，充分展现了企业文化魅力。项目荣获国家优质投资项目奖，成为当年华电集团公司同类型机组造价标杆。2015年，电厂结合新修订的企业文化体系，推出了"华彩云服务"微信平台，将企业要闻、最美代言人精品课、企业微故事等第一时间在微信平台上推介。各基层支部纷纷建立了微信群，每天在微信群里发布"新闻早餐""早安心语"等内容，让职工在上班途中、较短的时间内就能知晓天下事、了解当天的重点工作。通过运用新媒体，传递"每天进步一点"的正能量，营造了有利于企业改革发展的良好氛围。

沟通理念推动发展。诚信坦然，和谐至善。企业地处市郊、出行不便，职工来自不同区域、不同单位，学历背景不同，因此用向上的精神、向上的心态打造向上的职工队伍至关重要。电厂注重畅通沟通渠道，在了解职工所需所盼上做工作。班子坚持做到与新进职工谈、与离厂职工谈、与思想出现波动职工谈、与岗位变动职工谈、与被考核职工谈，职工生病住院时必访、女职工生育时必访、职工家有红白喜事时必访、职工家庭生活困难时必访、职工家庭不和睦时必访"五必谈五必访"，通过沟通关怀了解职工所需。2014年，结合群众路线教育活动安排各职能部室中层干部、一般管理人员分6批次到基层班组，开展为期40天的管理人员进班组活动。走访群众200人次，提交实践报告36份，帮助解决困难50余件。2015年开展"党员结亲"活动，通过"一对一"结亲让党员干部来到青工身边、当他们的"编外家人"，帮助解决工作生活中遇到的困惑和困难，进一步扩大党执政的青年基础。结合实际，适时开展职工喜闻乐见的文明礼仪报告会、棋牌赛、篮球赛、新春联欢会、歌手赛、辩论赛、为职工过生日等活动，精心编辑《菜根谈》《我的企业我的家》《职工服务手册》等文化书籍，为单身宿舍配备彩电、冰箱、洗衣机和修葺一新，功能齐全的活动中心，从微小之处让职工感受到家的温暖。文化活动做到年年有主导设计、季季有主打文化、月月有主题活动、天天有新鲜气息，既将职工的心紧紧连在一起、有效提升了职工的文明素养和生活品位，更促进了中心工作健康有序开展。

（二）"塑形"工程：强本固基促管理提升

电厂提出"责任成就每个人"的价值理念，用人文关怀、人性化的理念，使软文化融入安全生产、经营管理中。

安全理念筑牢基石。电厂以全力打造"本质安全型"企业为目标，将安全理念纳入企业文化建设中、纳入党员干部日常管理中、纳入主题实践活动中，以月保季、以季保年，确保实现全年安全生产目标。积极倡导"安全生产"也是"企业文化"的理念，为安全生产创造宽松的人文氛围和延展空间。2014 年，创新思维，以企业"微梦想"新媒体工作室为依托，以"十二条安全生产禁令"为内容创作了公益宣传片。通过身边人演身边事，以更加贴近工作生活的方式，让职工感同身受、产生共鸣。公益片累计参与达百人次，作为华电新疆区域安全教材在系统内进行推广。不断加强安全基础管理，全面落实安全生产责任制，规范广大干部职工的安全行为，通过强基和 7S 管理活动的推进，企业安全管理进一步夯实。职工在华电新疆公司"安康杯"竞赛中连续三年蝉联团体一等奖，2 人荣获"华电集团公司电力安全应急大赛"个人三等奖。

经营理念提升效率。在"营销市场化、成本精益化"经营理念指引下，要求全体干部职工树立"管生产必须管经营、管经营必须懂生产"的"一盘棋"思想，消除生产经营专业界限，让生产经营的主要因素实现最经济、最安全的有效组合。坚持每天晨会对机组日发电量、供电煤耗、燃料单位成本、入炉煤热值、调度曲线等生产指标、发电效益指标和利润指标进行通报分析，通过对效益指标的浮动，精准指导进煤结构及掺配掺烧方案，确定不同热值区间的采购量及最高限额，实现燃料采购的"量体裁衣"。探索不同季节、不同负荷下两台机组经济运行方式，制定详细的小指标控制指导手册，细化各项指标的控制方法，帮助职工清楚每个指标空间如何产生价值。重点推行值际对标管理，值班员每月拿出一定百分比的奖金参与竞赛，发电部所有管理人员奖金与指标挂钩，充分调动了职工在确保安全生产的前提下进一步提高机组经济运行能力的主观能动性。积极发挥绩效管理机能，将电量指标分解到周、细化到日、落实到值、分配到人，用责任激励各部门完成工作任务、提高工作效率。2 号机组连续五年获得集团公司同类型标杆机组称号并连续四年荣获中电联 300MW 等级湿冷供热机组竞赛一等奖。

（三）"导行"工程：责任成就每个人

将人本思想渗透到生产经营的方方面面，抓住"职工"这一文化落地的关键要素，使企业文化建设从"无形"的理念上升为"有形"的行动。

学习理念推动管理创新。"学习力决定未来"，建立周周培训制，结合实际需要确定和调整授课内容，如推行"7S"管理时，开展了为期 4 周的专题培训，参与培训累计达 240 人次；看到企业年轻人心浮气躁、实现自我期望值高，举办"奋斗的青春最美丽"青春课堂，聆听全国道德模范、革命前辈奋斗故事强化责任意识，连续六年开展"青工亲属慰问"主题活动，进一步促进青工间的沟通交流，增进青工友谊，增强团员青年的凝聚力，让青工感受到企业对他们的温暖关怀。广泛开设"微型课堂"，针对运行人员倒班、检修职工现场工况繁忙等情况，以"不限时间、不限地点、不限活动级别"开展学习教育。鼓励普通党员、职工群众走上台前，讲党史党纪、讲政策精神、讲身边典型、讲技术管理，进一步提升党员党性修养。发电支部结合倒班特质，连续 4 年主打"人人当老师、每班五分钟"，利用交接班会讲知识、传技能、学本领，职工参学率达 100%。维修支部结合部门专业多、岗位青工技能经验不足实际，在生产现场开设"流动课堂"，以赛促学。《值际对标管理办法》《十星级值班员评定》《大比例掺烧准东煤的探索与实践》《岗位备员制助力企业人才梯队建设》《新媒体技术在服务企业中的项目化运作》等职工创新成果先后荣获全国电力行业企业管理创新成果、华电集团公司管理创新成果、青年创新创效成果奖项。

激励理念重视职工价值。人才是企业不可或缺的核心资源，在畅通渠道方面，推出关键岗位备员制。对生产关键岗位，按照一定比例设置备员岗，通过完善的考评机制进行选拔。通过人员流动培养，帮助备岗人员明确努力方向。待有空岗或现岗位人员不能胜任时，由备员替补上岗，缩短了岗位适应期，有 18 人次通过备用岗位得到了晋升。月月海选"最佳华电人"。注重发挥榜样作用，设立"最佳运行工""最佳检修工""最佳管理人员""最佳外聘工"四个单项，每月选出当月业绩最突出者予以 500 元奖励，鼓励职工向榜样看齐。截至 2017 年 5 月，共评选出"最佳华电人"147 名，奖励达 73500 元。将先进人物的大幅照片，挂在"星光大道"上集中展示，并拍摄最美青工精品课程，上传到微信平台上号召大家向榜样学习。每年结合机组检修开展各类比赛比武、评优评先、岗位竞聘，全部实行全厂"海选"，并对获得各类荣誉的职工予以重奖，在年底评选先进时纳入个人加分项，鼓励全员立足岗位创先争优，真正体现"收入靠业绩、岗位凭能力"。

为了更好地发挥榜样力量，从 2013 年起，该厂成立新媒体工作室，通过拍摄原创微电影、编排微小品等方式对职工进行职业道德教育，鼓励岗位成长成才。原创微电影《听师傅的话》荣获华电集团公司、华电新疆公司微电影大赛最佳影片等多项奖项。

廉洁理念筑牢防腐体系。在"廉洁才能聚人、律己方能服人、无私最能感人"的廉洁理念指引下，为进一步提升干部驾驭全局的能力、管理创新能力、解决实际问题能力和组织协调能力，各部门制定转变机关工作作风承诺，并在网上公示。在强化廉洁教育中，电厂领导班子、党员干部学习本上设有《廉洁自律承诺书》，每页页脚都有一句廉洁格言或警句，廉洁教育中率先开通"掌上课堂"，将原先发送到领导干部、中层管理人员和重点岗位的《廉洁手机报》信息扩大至每一位党员，强化党风党纪教育。通过每月组织观看警示教育片、定期发送廉政短信、赠送廉政教育图书、举办廉政讲座等活动，使廉洁文化更加深入人心。

经过9年的摸索实践，电厂走出了一条具有自身特色的企业文化之路，文化成果在各项工作中"大放异彩"。在企业文化的感召下，党群、干群关系更近了，企业"家"的氛围更浓了，全员攻坚克难、助推中心的能力更强了。今后，将继续坚持文化建设"以人为本、讲求实效、重在领导、系统运作、突出特色、追求卓越"的原则，积极营造"企业有生气、领导有正气、职工有士气"的发展环境，为软实力转化为推动企业持续发展的强大动力，努力打造党旗更鲜艳、标杆更过硬、环境更优美、员工更幸福，精益化、数字化、市场化的一流发电企业，为华电集团、新疆公司的可持续健康发展作出新的贡献。